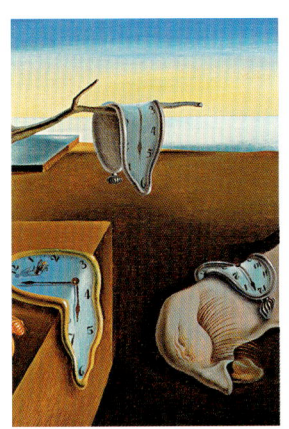

艺术人生

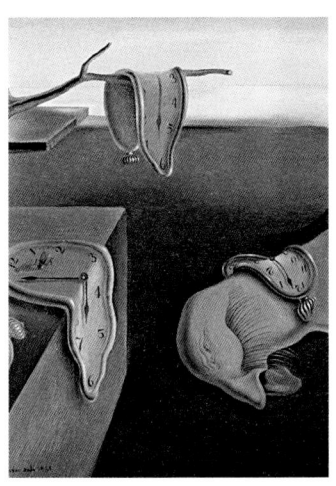

Dalí
达 利

〔意〕菲奥雷拉·尼科西亚 著
李金韬 译

安徽美术出版社
全国百佳图书出版单位

目 录

1904—1928 　**永无止境的好奇心**　　　1
　　　　　　　　家庭背景
　　　　　　　　巴塞罗那的首次画展
　　　　　　　　达利在巴黎

1929—1936 　**超现实主义的里里外外**　　25
　　　　　　　　邂逅加拉
　　　　　　　　最初的代表作
　　　　　　　　可食之美
　　　　　　　　与超现实主义者分道扬镳

1937—1948 　**美金狂人**　　　　　　　67
　　　　　　　　无形的物体
　　　　　　　　疯癫的权利
　　　　　　　　纽约的辉煌

1949—1962 　**神秘年代**　　　　　　　95
　　　　　　　　从精神分析学到核物理学
　　　　　　　　古典主义的新面貌

1963—1989 　**一代天才的落幕**　　　　113
　　　　　　　　佩皮尼昂的火车站
　　　　　　　　向"消防队员"致敬
　　　　　　　　加拉·达利
　　　　　　　　第三、第四维度

　　　　　　　　年表　　　　　　　　　　147
　　　　　　　　收藏地名索引　　　　　　151
　　　　　　　　作品索引　　　　　　　　153

◀ **自画像 II**（约 1921）
局部

家庭背景

世人对萨尔瓦多·达利这个人一定都不陌生——怪僻的性格、优雅的谈吐都是他一生中最鲜明的符号，而正是这些独特的符号才使这位伟大的艺术家变得愈发神秘，直到今天仍能唤起人们无穷的好奇心。达利有着天马行空的想象力，他在艺术创作上的智慧从未枯竭过。他曾经不止一次地抛头露面，当着世人的面解释自己的艺术观念；他也曾无数次疯狂、夸张地向我们证明：他就是艺术界绝对的"天才"——种种行径让我们认为自己好像早已读懂了达利的作品，甚至对于他的思想了熟于心。但是事实上，我们口中这位古怪、癫狂的"达利"并不简单，通过解读他那一幅幅极具艺术和历史价值的作品，我们仍能在达利的身上发掘出新的亮点；这些作品对我们来说，更象征着他独一无二的精神和文化遗产。

说到萨尔瓦多·达利的作品，没有人比罗伯特·德尚更了解它们了，这位不离不弃的朋友陪伴达利走完了人生最后的 30 年。除此之外，许多其他的学者也都先后为我们解读达利的人生和他的艺术创作过程，比如伊戈纳·戈麦斯·德·利亚尼奥、热拉尔·絮利盖拉和吉勒·内莱。其实，长久以来我们都是通过达利自己编织的画面来认识这位神秘的艺术家，而从未想过真正地以批判和专业的角度去研究他。因此，在我们看来，追寻达利的整个人生轨迹就是探索、发现这位艺术家的神秘气质和卓越才华的过程。

萨瓦尔多·菲利普·哈辛托·达利 1904 年 5 月 11 日出生于菲格拉斯，这座城市位于西班牙加泰罗尼亚地区的赫罗纳省（赫罗纳省几乎位于西班牙与法国的边界），他的父亲萨尔瓦多·达利·古西是一名公证员，他的母亲名为费丽帕·多梅内克。

抛开整个西班牙不说,达利在加泰罗尼亚这个富裕的地区受到了前所未有的文化熏陶,极大地拓展了自己的视野。在达利的一生中,他曾数度想要再回到那里,因为对于他来说那里就是世界的中心,加泰罗尼亚的一草一木都带着他童年时代深深的印记。菲格拉斯坐落于安普尔丹县的平原上;在克莱乌斯海岬和埃斯塔蒂特城长长的海岸线中间,有一个小巧的卡达克斯海岬,在地中海艳阳的沐浴下,海岬上的岩石显得生趣盎然(达利深深地爱着这些醉人的美景,也正是这些美景激发了达利无穷的想象力)。另外,还有一个名为利加特港的地方,达利与他的爱人加拉把那里看成他们人生的"避难所"。

达利生前还结识了另一位伟大的加泰罗尼亚艺术家——胡安·米罗(1893—1983),这位艺术家绘画创作的灵感也同样来源于巴塞罗那附近那座蒙特罗伊格小镇上的田园风光以及加泰罗尼亚地区的地中海景观;在他看来,那些地方不曾有过人工的雕琢而且饱含超越时代的神秘色彩。

身为一名加泰罗尼亚人,达利

自画像 I(约1921)

卡达克斯(约1915)

安普尔丹的风景和人物（约 1923）
达利遗赠
菲格拉斯，卡拉－萨尔瓦多·达利基金会

卡达克斯风景（约 1923）

地平线上的卡达克斯（约 1921）
菲格拉斯，卡拉-萨尔瓦多·达利
基金会

非常自豪。在达利的身上我们能找到种种人们口中加泰罗尼亚人的典型特点——他们桀骜不驯，爱财如命；也许他们的生活观念在我们看来太过实际，但是这些加泰罗尼亚人只肯相信自己亲身所尝、所听、所闻、所感和所见的事物，换句话说，他们只相信身体五种感官所带来的直观感受。达利生前经常提到的一位西班牙哲学家弗兰塞斯克·普霍斯曾写道："如果将加泰罗尼亚比作这个世界的女王……那么加泰罗尼亚人就是女王孕育的真理之子；倘若大家对加泰罗尼亚人伸出援手，便是与真理结下了不解之缘……因为他们是加泰罗尼亚人，所以不论天涯海角，他们都能潇洒自由地生活。"

整个有形世界都深深地吸引着达利，自小时候起，达利身边的一物一景无不激发他那与众不同的艺术灵感。其实，当达利最初拿起笔尝试绘画时，他的灵感就恰恰源于故土的美景和身边亲朋好友的面容。

1910年，年满6岁的达利完成了人生中的第一幅作品。达利将他童年和青春的记忆都留在了菲格拉斯这座小城中。在结束了一段平淡无奇的学校生活之后，年岁尚幼的达利对绘画表现出愈发浓厚的兴趣——他好似一个贪婪的肉食动物，汲汲渴求鲜活的艺术食粮。正如达利自己所描述的那样：他的"精神世界好似一张不断咀嚼的嘴巴"，他在"追求知识的道路上从未停歇过"，这与文艺复兴时期的那些大家们并无二致。

在达利的艺术道路上有一位关键人物——雷蒙·皮乔特，他来自

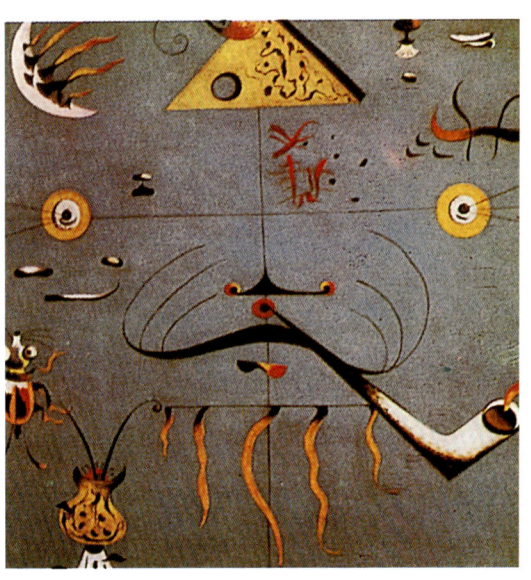

加泰罗尼亚农民的头（1924—1925）
胡安·米罗

1904—1928 永无止境的好奇心

月夜（1918）

夜晚卡达克斯的港口（约1918）
圣彼得堡（佛罗里达州），萨尔瓦多·达利博物馆

一个艺术世家，家中不是美术家就是音乐家。雷蒙·皮乔特住的地方离达利家并不远，正是他在艺术方面给予了达利不可或缺的鼓励。也正是多亏了皮乔特的出现，达利的父亲——那位严肃的公证员才渐渐地松口，慢慢接受了儿子想要成为画家的事实，但是尽管如此，他却从来没有打心底地支持过达利。同时期，还有另外一位艺术家注意到了这位少年身上的才气，那就是德国的风景画家齐格菲·布尔曼，当他在菲格拉斯度假时，他曾送给了达利人生中的第一块调色板和第一份颜料。1917年之后，达利正式踏上了学习艺术的道路；他曾追随约翰·鲁涅兹教授在格拉巴多市立学校学习素描。在学习期间，达利凭借着不趋炎附势、独立自主的精神和人格迅速从周围人中脱颖而出。同样，后来在马德里美术学院，达利也很快崭露头角。

达利（第一排左一）
1922年摄于马德里美术学院

露西亚的画像（1917）

妹妹的肖像（约1923）
圣彼得堡（佛罗里达州），
萨尔瓦多·达利博物馆

父亲的肖像 I（1920）
达利遗赠
菲格拉斯,卡拉－萨尔瓦多·达利基金会

长着拉斐尔式脖子的自画像（约 1921）
达利遗赠
菲格拉斯，卡拉－萨尔瓦多·达利基金会

三重画像（1924）
费德里戈·加西亚·洛尔卡
创作于马德里东方咖啡厅

在达利的个性越来越鲜明的同时，他的绘画风格也开始慢慢地崭露头角：最初，达利会主动借鉴印象派画家的绘画风格，比如毕沙罗和雷诺阿的作品，其中还有另一位印象派画家，在达利看来，这位画家才是印象派中独一无二的天才，他就是莫奈。因此，达利在最初的画作中十分钟爱以印象派画风来描绘静物和自然景观，这些画作有些取景于菲格拉斯那绵延不断的海岬，但更多的还是定格在卡达克斯的那片海上，因为每当到了夏天，儿时的达利经常会和他的家人们一起到那里去度假。1918 年 5 月 2 日，将满 14 周岁的达利在菲格拉斯市立剧院的画展上第一次展出了自己的作品。

除了印象派风格的风景作品外，在这个时期，达利也把自己身边亲人的肖像当成创作的主题，比如他的父母、祖母、妹妹还有年迈的乳母卢希雅·蒙卡努特。不久后，达利以卡达克斯的大海为背景，勾勒出他本人的自画像。调皮的达利故意突出自己那犀利、睿智的眼神，"返璞归真"的发型和他那最具代表性的连鬓胡子，也是因为这一绺绺胡子，达利才有了"蓄小胡子的男人"这个外号。

首次展览之后，各种社会评论使达利小有名气；此外，不仅鲁涅兹教授大力支持达利继续学习，而且就连皮乔特一家也反复帮达利跟家里人求情，这才终于使年轻的达利一帆风顺地迈入马德里美术学院的大门。1921 年，达利以优异的成绩通过了绘画、雕塑和刻印的入学考试，正式地开始了新的学习生涯。但是恰恰在他入学之前，同年的2月6日，他深爱的母亲却永远离他而去，达利为此痛哭不已。

马德里活跃的文化氛围促进了这位年轻的加泰罗尼亚画家的成长，同时也造就了他独立的人格。虽然他和那些出身富贵家庭的学生们一样，都住在马德里学生公寓里，但是他那独树一帜的外部造型，"花花公子"般的处世态度还有对于眼前一切新鲜事物的好奇心以及凡事都想尝试一下的精神，都让达利显得格外与众不同。没过多久，达利身边的朋友和仰慕他的人就越来越多，与此同时，达利还加入了马德里的先锋派，其中不乏贝品·贝优、彼得·卡尔菲亚斯、耶鲁赫尼欧·蒙特斯、拉斐尔·巴拉达、费德里戈·加西亚·洛尔卡和路易斯·布努埃尔这些未来的艺术大家。达利经常挑战老师的权威，他尤其看不惯那些没有真才实学的老师，为此他曾两次被逐出马德里美术学院（恰恰都发生在1926年），甚至他还为此锒铛入狱，在赫罗纳的监狱中被囚禁了两周之久。虽然家里人一直都反对他学习艺术，但是达利却一直在他天才的艺术道路上越走越远。

费德里戈·加西亚·洛尔卡
1925年摄于费德里戈马德里学生公寓的房间中，墙上的画为萨尔瓦多·达利的《静物》

1904—1928　永无止境的好奇心

自画像 Ⅱ（约 1920）

巴塞罗那的首次画展

虽然达利是纯粹出于自己的兴趣接触、研究了当时许多的艺术流派，比如印象派、点彩画派、未来派、立体派和野兽派，但是他在每个领域都取得了不小的成绩。然而，真正让达利着迷的是古典主义画派。这个画派最早源于拉斐尔和一位19世纪的画家安格尔；古典主义画派的每一幅作品都显得无比真实，画面层次清晰，而且整体感觉非常明亮，好似有一束洁白的光照射在画面上。其实，这都源于古典主义画派中严谨的构图，紧凑的笔触和对冷色调的巧妙运用。此外，在这些画作中，画家尤其强调对于具体形象的刻画。这一类作品为后来超现实主义的思维方法奠定了基础：超现实主义思维的出发点其实就是日常生活中的各类事物，只不过之后运用奇思妙想将这些原本的事物"改头换面"。

1925年11月14日到27日，位于巴塞罗那的达尔莫画廊筹办了达利的首次个人画展。当时一共展出了大约20幅作品——其中有一幅《父亲的肖像》。这幅作品一经展出，就牢牢地抓住了人们的眼球。在这幅作品中，达利完美地展现出一位正言厉色、脚踏实地的男人的精神世界。另外两幅作品《坐着的少妇》和《窗边的女孩》中的人物形象其实来源于达利的妹妹安娜·玛丽亚。

《维纳斯和水手》这幅作品受到了毕加索的影响，在立体感和几何感上非常讲究。在

坐着的少妇 / 少妇的背影（1925）
马德里，索菲娅王后国家艺术中心博物馆

《路易斯·布努埃尔的肖像》中,达利这位身为导演的朋友正襟危坐,恰到好处地彰显了他那出众的风度。

1925年对于达利来说是极其重要的一年,因为在那一年他迎来了首次个人画展,也是从那一年起,各大报纸、评论开始对这位艺术家表现出极大的兴趣。由于达利经常与西班牙先锋派的年轻人合作,所以他曾有幸参加了一场对自己具有启蒙意义的会议,法国的超现实主义诗人路易·阿拉贡也同样受邀出席了这次会议。当时在会议上大家围绕着艺术和文学中幻想、空想和创造性思维的重要性这类问题展开了激烈的讨论。其实我们在贡戈拉、卡尔德隆和塞万提斯这些西班牙作家的笔下都能找到答案,当时安德烈·布勒东和一些法国超现实主义者还提出有关这些问题的理论依据。然而,这场会议上提出的新观点与当时西班牙落后、保守的学术圈显得格格不入,所以最后也不过是在一片争吵声中不了了之。但是会议中的新思潮对年轻的达利来说如获至宝,这对他未来的艺术生涯产生了非常重要的影响。

此外,在达利的艺术知识的成长道路上,同样也少不了他与路易斯·布努埃尔和费德里戈·加西亚·洛尔卡的深厚友谊的影响。费德里戈曾于1926年的4月在《西方杂志》(*Revista de Occidente*)上发表了一首写给达利的长诗,诗名为《献给萨尔瓦多·达利的颂歌》。

路易斯·布努埃尔的肖像(1924)
马德里,索菲娅王后国家艺术中心博物馆

在这首诗中,费德里戈饱含深情又不失趣味地述说了他与达利之间推心置腹的断金之交,但是这种感情貌似渐渐融入了缠绵的爱情情愫。这并非当时人们的胡乱揣测,其实在颂歌的字里行间也都透露着这样的暗示:

啊,萨尔瓦多·达利,橄榄色的嗓音!
我所语即为你的人、你的画对我所述。
我不夸赞你不完美的青春笔触,
而歌唱你笔尖的坚定方向。
……
但是,我首先要歌唱那相同的意志,
无论黑暗还是光明,都将我们紧紧相连。
刺瞎我们双眼的那道光,不是艺术,
而是爱,友谊和击剑术。

然而达利却一直对他们之间的同性恋传闻矢口否认,并声称自己才是"受害者"。根据达利的说法,费德里戈一直对他穷追不舍。尽管如此,达利确实是真心地尊重和珍惜这位来自安达卢西亚的诗人。在达利的第二本自传《一个天才的日记》中,他花了很多笔墨来述说费德里戈的死,达利在书中曾把费德里戈描摹成"惨死的诗人"和"我不安的青春时期最好的朋友"。

维纳斯和水手 / 向沙瓦特·帕帕赛特致敬(1925)
静冈县(日本),池田二十世纪美术馆

父亲的肖像 II（1925）
巴塞罗那，加泰罗尼亚国家艺术博物馆

窗边的人 / 窗边的女孩（1925）
马德里，索菲娅王后国家艺术中心博物馆

《蜂蜜比血更甜》草图（1926）

达利在巴黎

20世纪20年代，达利经历了一系列文化和人性的洗礼，但是这却让他的艺术追求与严格意义上的西班牙艺术风格渐行渐远，促使他慢慢形成自己独特而且富有创造性的艺术语言。达利的风格在无形之中越来越靠近法国文化，并且达利的艺术想法和当时从整个欧洲蜂拥到巴黎的创新性观点有着异曲同工之妙。对于所有那个年代的艺术家和文学家来说，巴黎才是艺术真正的天堂。达利也没有停下自己的脚步，一直在"贪得无厌"地追求怎样丰富自己画作的内涵。

大约从1920年开始，达利被巴勃罗·毕加索（1881—1973）和乔治·布拉克（1882—1963）最初创作的立体主义画作深深地吸引住了，但是最能抓住达利的心的，还是马德里画家胡安·格里斯的作品。在胡安的作品中，物体既在空间里四分五裂，又组成一个有机的整体，同时带有极强的象征含义。因此，在1926年到1927年，我们能在达利的作品中清晰地找到立体主义的影子，而达利画中长久以来秉持的

人体模特（1926）
达利遗赠
菲格拉斯，卡拉－萨尔瓦多·达利基金会

现实、逼真的风格却在渐渐褪去。与此同时，我们也不难发现达利正在尝试将现实的事物抽象成另一番样子，其实这就已经为他后来的超现实主义艺术风格拉开了序幕。达利这个时期的作品意义重大，它们不仅意味着达利即将告别他最初的印象派画风，更加展现了达利那些完全不符合逻辑的思想结晶，象征着他的想象力的解放，同时也反映出他一分为二地看待内、外两个世界的观念。《人体模特》和《腐烂的驴》（*L'asino putrefatto*）都是达利那个时期的代表作，后者具有非同寻常的物质化特点，后来电影《一条安达鲁狗》（*Un chien andalou*）中的一个场景就恰恰源于那幅画。

向巴勃罗·毕加索致敬（1912）
胡安·格里斯
芝加哥，芝加哥艺术博物馆

也正是在这一时期，达利逐渐对自己有了更明确的认识。1927年年初，达利决定在姑妈和妹妹的陪同下第一次奔赴巴黎，但是由于当时达利的父亲仍然是一家之主，所以这次巴黎之行他依然要听从父亲的要求。达利这次在巴黎待了一周之久，其间他与毕加索相遇，这次不虚此行的巴黎初访成为达利人生中无法磨灭的记忆。

立体派自画像（1923）
达利遗赠
马德里，索菲娅王后国家艺术中心博物馆

腐烂的驴（1928）
巴黎（蓬皮杜艺术中心），巴黎现代艺术博物馆

达利和毕加索

1942年,达利完成了自传《萨尔瓦多·达利的秘密生活》。其中,达利讲述了他第一次前往巴黎,首次遇见毕加索时激动的情景:"我同妹妹以及姑姑到巴黎去过,并在那里待了一个星期。总共才一个星期,可是在这短短的时间里,我却完成了三件大事:参观了凡尔赛宫和格列温博物馆,拜访了毕加索——是格拉纳达的立体派画家马鲁艾尔·安赫尔斯·奥尔蒂斯引领我去见他的。这位画家是毕加索的学生,对于老师亦步亦趋。他还与洛克相熟,是洛克介绍我同他认识的。

我当时激动万分,就像是受到罗马教皇的接见一样,在约定的时刻走进画家的大门。

'我还没有去参观罗浮宫,就先来拜访您!'

'您做得很对!'毕加索答道。

我带来了一幅小小的、仔细包好的画图《费格拉斯少女》,毕加索一言不发地看了它整整一刻钟,一秒不少。然后我们登楼到他的画室去,而他花了两个钟头来向我介绍他的作品:取出巨幅油

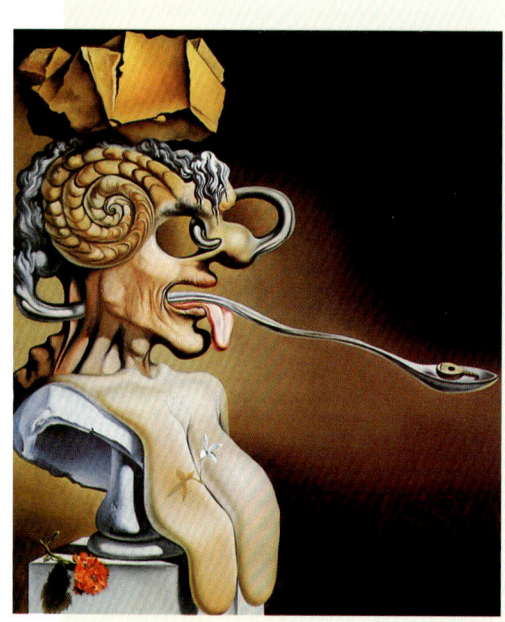

毕加索的肖像(1947)
菲格拉斯,加拉-萨尔瓦多·达利基金会

画,摆在我的面前,一幅,一幅,又一幅。每当向我展示画作时,他都向我投来那种热烈、活跃而又智慧的目光,使我不由自主地发抖。而我也是一言不发。不过,在下楼梯的时候,我们对看了一眼,毕加索只用眼神问我:

'抓住本质了吗?'

我也用眼神回答:

'抓住了。'①

但是,就算当时达利和毕加索都身在巴黎,两人之间的关系也算不上朋友。

---

① 此段引文出自《萨尔瓦多·达利的秘密生活》(1997年湖南美术出版社出版,陈训明等译)。——译者注

那时达利还未直接接触安德烈·布勒东这位超现实主义的开创者,而毕加索早在1925年就断断续续地表现出他对超现实主义运动所传达出来的精神思想的支持和赞许。布勒东曾把毕加索称为"立体主义中的超现实主义者"。事实上,立体主义和后来形成的超现实主义有着异曲同工之妙:立体主义主张同时从众多虚构的角度来观察同一件事物,而超现实主义提倡思维的分裂,将现实事物根据主观理解分解、重组——这两种观点显然不谋而合。

超现实主义人物(约1933)
巴勃罗·毕加索、萨尔瓦多·达利
巴黎,毕加索博物馆

记忆的永恒（1931）
局部
油画，24.1cm×33cm
匿名捐赠
纽约，现代艺术博物馆

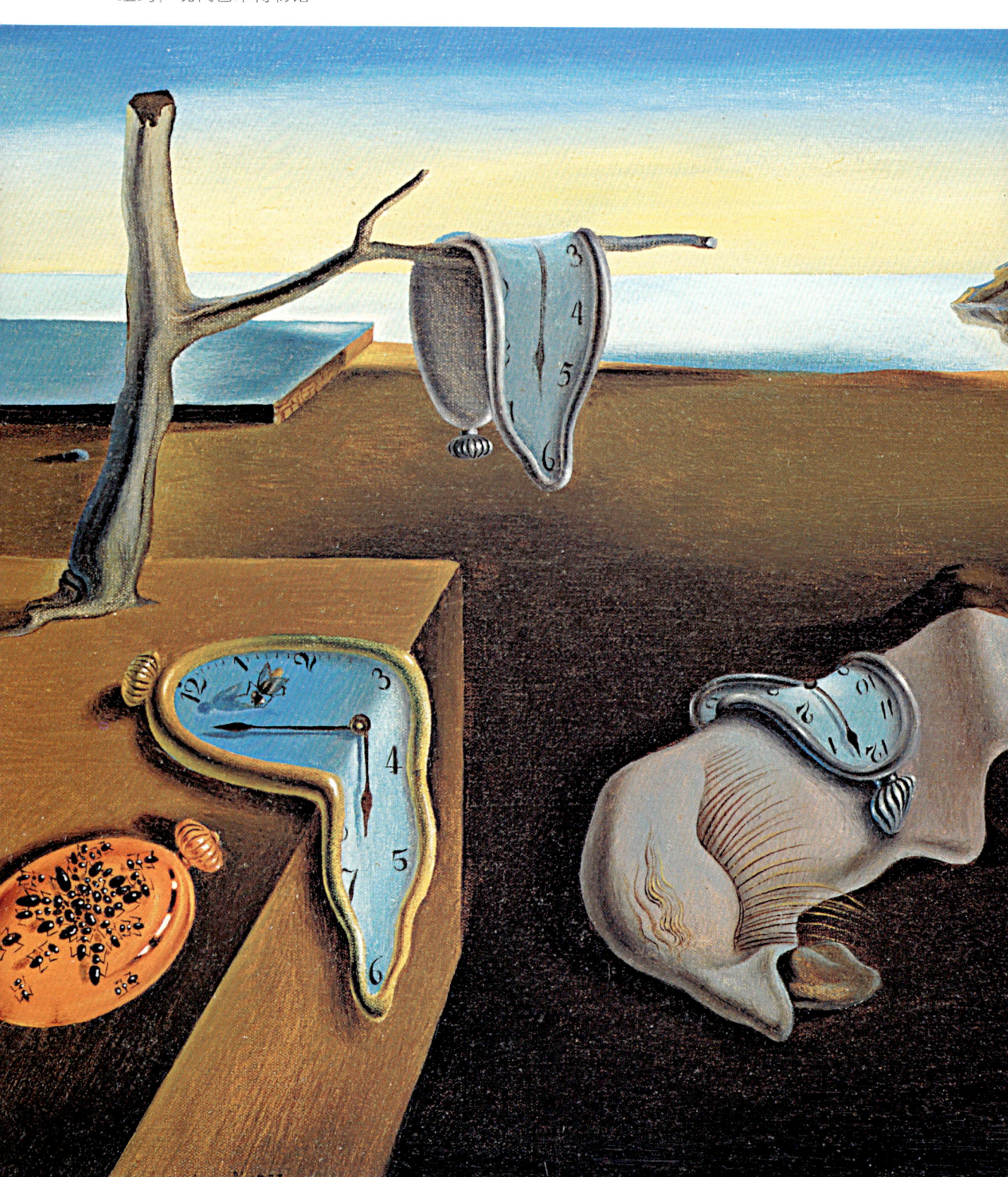

1929—1936 超现实主义的里里外外

邂逅加拉

达利对艺术和文化的狂热在一篇名为《反艺术宣言》(*Manifesto antiartistico*)的文章中展现得淋漓尽致。这篇《反艺术宣言》又被称作《黄色宣言》(*Manifesto giallo*),写于1928年的巴塞罗那,上面除了达利的名字以外,还署有塞巴斯蒂安·加希和路易斯·蒙坦亚这两位大家的名字。达利的种种举动在巴黎也引起了不小的反响,后来在同乡的老画家——胡安·米罗的鼓动下,达利决定再次奔赴巴黎。1929年初,达利到巴黎之后的第一件事就是积极地投身于电影《一条安达鲁狗》的制作,此前达利和路易斯·布努埃尔在菲格拉斯筹备已久了。这部电影的灵感恰恰源于超现实主义的思想,它向我们忠实地还原了心理上荒谬、随意的核心理念。正因如此,银屏上的一幅幅画面其实都源于这两位艺术家最纯粹的幻想,所以根本不存在所谓符合逻辑的解释。

达利在电影领域的初次尝试就好像伊比利亚半岛上的一把利剑,疯狂地刺向巴黎这颗高贵、优雅、理智的艺术心脏。可是,尽管达利在巴黎已经小有名气,身边还有稳重的艺术家米罗为他保驾护航,然而这些仍旧没能把达利留在法国,他还是更想回到加泰罗尼亚,去发掘一个真实的自我。归来的达利又重新沐浴在卡达克斯那一抹地中海的阳光之下,身上还带着一丝法国艺术的气息,也正是从那时起,达利开始创作一幅幅如照片般精细的超现实主义画作,而这些真实描摹他脑中天马行空幻想的作品后来成为最能反映达利个人风格的代表作。

1929年的夏天,路易斯·布努埃尔带着一批超现实主义艺术家突然来拜访达利。这些超现实主义者久仰达利的大名,对他非常好奇,迫不及待地想要认识这位古怪的画

由左起：加拉、保尔·艾吕雅、萨尔瓦多·达利、瓦伦廷·雨果和赫内·克维尔
拍摄于 1931 年

利加特港（1930）

家。其中有勒内·马格里特和他的妻子，还有卡密耶·格尔曼斯（达利未来的画商），就连超现实主义运动的精神领袖之一——保尔·艾吕雅也携他的妻子加拉前来到访。加拉的出现让达利仿佛触电一般，她就好像是从达利梦中走出来的女人，由内而外都符合达利心中理想女神的模样。达利曾日思夜想，数度在笔下勾勒、在心中寻觅的完美女人形象出现了。达利很快就完全被加拉折服，当他开始创作《保尔·艾吕雅的肖像》时，每当与加拉说话，就忍不住发出紧张的笑声。同行的其他成员都准备返回巴黎时，加拉却决定再留在卡达克斯一段时间，因为她对达利非常好奇，想要弄明白达利到底是不是传言中的"食粪癖"。"达利有食粪癖好"的这个奇怪传闻在当时巴黎超现实主义艺术圈内可谓人尽皆知，以上种种其实都源于达利《阴郁的游戏》（*Il gioco lugubre*）。

其实达利正想利用这个小细节炒作一场丑闻风暴，让超现实主义者对自己产生好奇心。达利为自己打的"广告"成功地吸引了人们的眼球，同时也不难看出，达利热衷

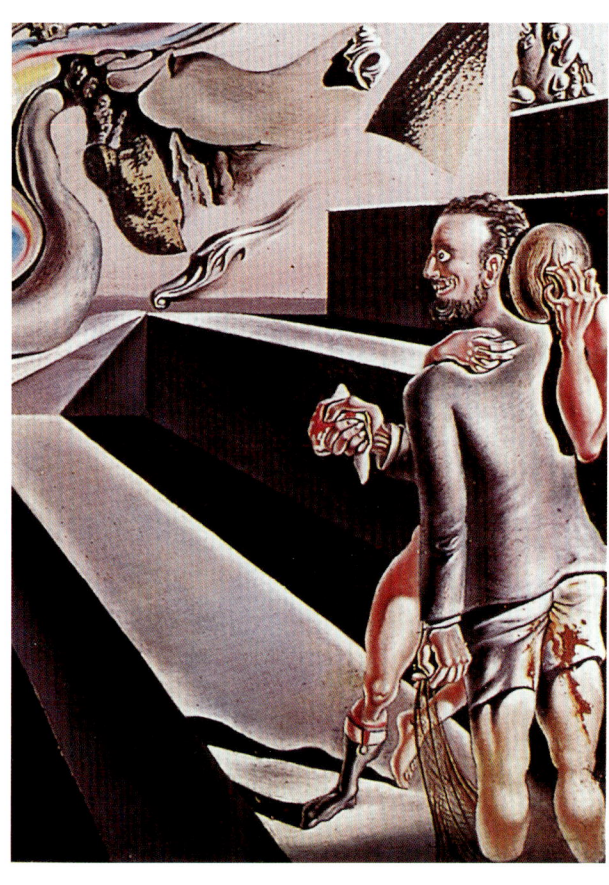

阴郁的游戏（1929）
全图和局部

于把自己推上舆论的风口浪尖。但达利向加拉解释这个令人匪夷所思的问题时，他却只简单地用了短短几句话："我向您保证：我绝不是什么食粪癖。我和您一样，对其深恶痛绝！"

　　徜徉在克雷乌斯角绵延不断的礁石上，伴随着几声青涩的笑声，达利终于向加拉表明了自己的爱意，而这份爱从那时起就注定要陪伴达利一生。加拉的原名是爱莲娜·伊万诺瓦·迪亚克诺瓦，她的父亲是一位俄罗斯的律师。加拉的身上既有女性独特的魅力，又有与众不同的自信、笃定。这种坚定的自信心更是很快地让达利对加拉平添了几分敬畏之情。达利对加拉的爱并不是简简单单的喜欢，更不是一时的冲动，而是夹杂了更深刻的感情。这不仅含有情欲上的需求，而且更代表着一种精神上的依靠和寄托。个性极强的加拉是达利生命中唯

1929—1936　超现实主义的里里外外

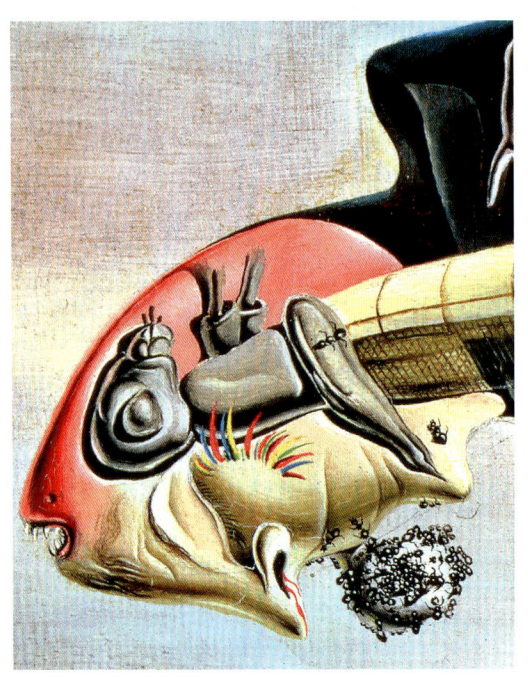

保尔·艾吕雅的肖像（1929）
局部

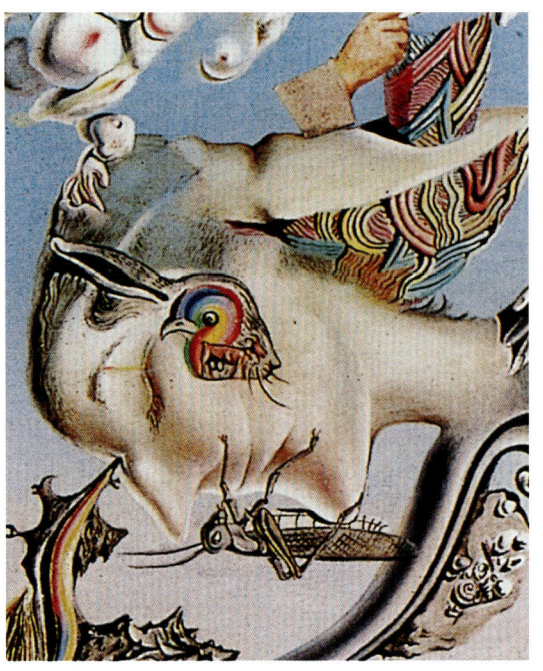

阴郁的游戏（1929）
局部

——一位赋予他灵感的缪斯女神，同时她还维系着达利精神和情感世界的平衡，达利曾说："加拉！如此一来，你打消我犯罪的念头，抚慰我癫狂的心灵。谢谢！我爱你！我多想娶你为妻！遇见你，我身上狂躁、歇斯底里的症状都如魔术般一个接一个地消失了。我的笑容、举止又重新听话起来。在我精神花园的中心，一株清新的蔷薇花蕾正在慢慢绽放，而我将迎来全新的拯救。"

在加拉踏上开往巴黎的火车之后，达利就把自己关在画室中，专心完成那幅著名的肖像画。但是画面中不仅仅只有保尔·艾吕雅，达利还加进去一个颇有寓意的细节，而这个细节在达利之后的作品中也常常出现。在整个画作的右上角，一股情色的寓意在画布上渲染开来，而这也恰恰是达利当时内心情感的真实写照：画面中，一只狮子的脑袋正面对着一个面带笑容的女性头颅。根据弗洛伊德的学说，狮子象征着情欲，而画面中那头狮子目不转睛盯住的女性头颅可能就是加拉的缩影。虽然加拉当时还是保尔·艾吕雅的妻子，但是没过多久，她就变成了达利一生挚爱的伴侣。

从那时起，达利收获了一份弥足珍贵的感情，这也让他在精神上

保尔·艾吕雅的肖像（1929）

1929—1936　超现实主义的里里外外

有了一个支撑。慢慢地，达利内心中艺术和生活的天平仿佛找到了新的平衡点。艺术指的是达利自己创作以及理论上的想法，而生活则象征着一股渴望把抽象的思想具象化的力量。同时，达利的个人绘画风格也越来越趋向于画面中的"准确性"，他的精神世界和独特的思维开始清晰地展现在人们眼前，那一个个生动、丰富且具有象征意义的细节就是最好的证据。尽管这时达利仍没有真正地与超现实主义者深入交流，但在无形之中达利却向他们的风格转变。事实上，达利给自己留出充足的空间和自由时间，"放任"自己完全蜕变成一个超现实主义者。

阴郁的游戏（1929）
局部

加拉，神话般的女人

"我爱加拉胜过我的母亲、我的父亲，胜过毕加索，甚至胜过金钱。"——萨尔瓦多·达利。

在达利执笔的文章中，公众的声明里，他始终以一种夸张、不切实际的口吻来描述加拉，仿佛他并不是在谈论一个真实存在的女人，而是在描画一个值得尊敬与崇拜的文学人物、神话人物，甚至是一个"传奇"。达利除了用尽一生疯狂为加拉作画以外（达利甚至把她画成圣母玛利亚），他还把加拉比作威廉·詹森小说中的主人公——格拉迪沃（西格蒙德·弗洛伊德曾以精神分析的角度解释过威廉·詹森的小说，其中的格拉迪沃就是一位能从心灵上治愈书中男主人公的女性）。"她可能就是我的'格拉迪沃'，我的缪斯，我的女人。若她是我的'格拉迪沃'，就必能治愈我心灵上的顽疾。事实上，她完全医好了我，因为在她的爱中，有一股桀骜不驯而又深不可测的力量：她那深邃的思想和面对生活的游刃有余要比任何玄乎其玄的精神治疗法好上几千倍。"这位来自俄罗斯的爱莲娜·伊万诺瓦·迪亚克诺瓦（加拉）在我们这位加泰罗尼亚画家的生活中主要扮演着"魔术师"的角色，因为她总能找到达利身体和脆弱心灵上的平衡点，然后身心兼备地去安抚、治愈他。她可以带给达利一种安全感，这让达利清楚地意识到自己是一个男人，是一位艺术家。达利曾说："我们之间的关系从未如此平和。我感觉到自己曾经缺少的一股勇气正在慢慢贯穿于我的体内，很快，我就能创作出自己非凡的一生中真正的代表作。"他也曾说过："谢谢你，加拉！是你让我成为一名画家。如果没有你，我根本不会相信自己的才华。"他们之间的关系日渐升温，达到了不可分割的地步。达利甚至把加拉称作"加拉·萨尔瓦多·达利"，仿佛两个人你中有我，我中有你。

其实，我们在达利的只言片语中都能察觉到加拉母性的光辉和对达利的保护欲，

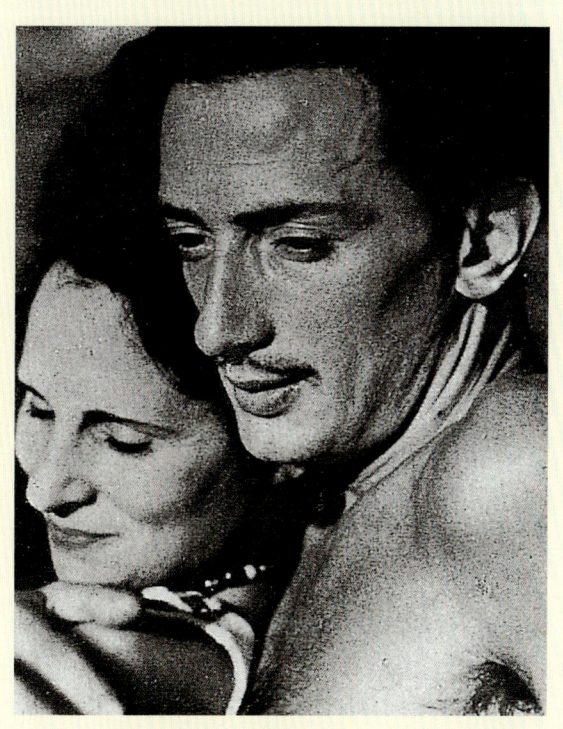

达利和加拉
摄于1933年

比如达利曾说到"在我进入梦乡之前，加拉会来亲吻我。这是我生命中最甜蜜的一个吻"。然而当达利面对加拉的美貌之时，纵使内心一片柔情，他也难掩情欲的冲动；正如达利在《萨尔瓦多·达利的秘密生活》中所写："她的身体还如孩童般稚嫩；肩膀犹如少年般富有张力；后背的轮廓清晰，尽显女性的美丽；在她那娇弱的身影上，上身的纤纤玉体挺拔而且富有活力，下身精致的臀部好像在她精细的保养下显得更加耀眼。眼前种种无不让我如痴如醉。"

我们不妨暂且把达利对加拉神话般的描述放在一边，听听外界与这对夫妇接触的其他人的声音，这些评价可以真实地反映当时的情况，对我们来说也是非常有趣的资料：加拉倔强地渴望把一切都抓在手心上，她在心灵上完全统治着达利，但其实达利也正需要被这样牢牢控制住。总之，以上对加拉的描述与达利平时在大家面前念叨的那个与众不同、魅力非凡的女性截然不同。艺术史家费德里科·泽瑞（1921—1998）认识达利的时候，达利和加拉的婚姻已经快走到人生的尽头了。泽瑞对达利夫妇给出了非常"接地气"的评价，而他的这句评价同样也收录进由马克·多尔切塔编辑的《沉默的面纱》一书中（1999年由里佐利出版社出版）。泽瑞的评价很简单，但是却一针见血地说出了大多数人心里的想法："加拉既是萨尔瓦多·达利的妻子，也是他的母亲、挚友、顾问和守护他的天使。在他们两个人的相处过程中，一个性格脆弱的人（达利的内心其实极度地脆弱、缺乏安全感）在一个女人的身上找到了所有弥补他自身'缺陷'的方法。慢慢地，加拉就完全让达利沦陷了。最后，达利已经完全地依赖加拉。似乎是加拉把达利那精细、有时又令人焦灼的艺术提炼成一幅幅大同小异的画作，但在这些作品里反复出现的，都只是达利1935年到1937年创作的特点而已。"

加拉的肖像／加拉的晚祷（1935）
油画，32.4cm×26.7cm
阿比·奥尔德里奇·洛克菲勒赠送
纽约，现代艺术博物馆

最初的代表作

卡米耶·格尔曼斯是一家画廊的负责人，当时他除了购买了三幅达利的画作之外，其实早就开始在巴黎的画廊着手准备一个达利作品全集的画展；他的行为大大地激励了达利的创作，从1929年一直到1935年前后，达利没日没夜地创作，手中的画笔一刻也不曾停歇。也正是在那段时期，达利创作出了最初被公认的代表作。仅在1929年，就有两幅著名的画作问世，一幅名为《欲望之谜》，又名《我的母亲，我的母亲，我的母亲》（Mia madre, mia madre, mia madre）；另一幅叫《伟大的自慰者》。这两幅作品所表现出来的主题对于达利后续作品的发展就如同基石一般；在之后的作品里，达利的风格愈发接近超现实主义的绘画原则。在这两幅画作中，我们都能看见画家沉浸在睡梦中的面庞，他沉睡的样子犹如丝绸般"柔软"，后面的背景仿佛悬停在如水晶般清澈的空间里。然而，这些梦并不纯洁，相反却呈现出一种病态的

欲望之谜 / 我的母亲，我的母亲，我的母亲
(1929)
慕尼黑，巴伐利亚国家绘画收藏馆，现代艺术陈列馆

1929—1936 超现实主义的里里外外

欲望之谜 / 我的母亲，我的母亲，我的母亲（1929）
局部
慕尼黑，巴伐利亚国家绘画收藏馆，现代艺术陈列馆

扭曲，其实，这纠缠不休的梦就是现实中肮脏、龌龊的欲望的化身。《欲望之谜》真正想传达的其实是一种俄狄浦斯式的恋母情结，而这种不洁的欲望亟须被彻底地根除。特里斯唐·查拉在1917年创作的一首诗中将这种欲望通过"我的母亲，我的母亲，我的母亲"一次又一次地重复出来——这种欲望的叩击让人不寒而栗。除此之外，画面中还有许多其他具有象征含义的元素，比如狮子、女人头、鱼、蝗虫、紧握匕首的手、同父亲的拥抱以及白色的底座，它的样子就好像一块饱经风霜侵蚀的岩石（也许这就是卡达克斯茫茫礁石中的一块）。然而，这些相同的元素在安东尼·高迪（1852—1928）的建筑上体现出不一样的灵感，它巧妙地变成了种种装饰性元素。事实上，达利小时候就是在巴塞罗那看着高迪的"地中海哥特式"风格建筑长大的。

《伟大的自慰者》无论是在构图，还是在艺术创想上都与《欲望之谜》如出一辙。但是这幅画作的原型其实是达利手中的一张彩色石印图画，上面原本画着一位品嗅百合花的女人，而达利却堂而皇之地从性爱的角度来诠释这个画面。从那时起，达利开始精心地赋予人物自身以象征含义，力图通过

巴特略之家
正面（1904—1906）
安东尼·高迪
巴塞罗那

不同的形状映射出特殊的寓意。其中达利所隐喻的内容都离不开性爱的欲望,同时还牵扯到死亡和腐坏:正如《欲望之谜》中那只腐朽的蝗虫,它的腹部早已被成千上万只蚂蚁摧残得千疮百孔。

不难发现,这两幅作品中画家的自画像都显得非常"柔软";其实,它们恰恰传达出了所谓"刚柔并济"的理念。达利在之后的画作中,刻意突出物质兼具的"刚""柔"两种对立属性,并且以此暗指时而强烈、时而低迷的性冲动,而时强时弱的性欲也代表着一个不断死亡、不断涅槃的轮回。

1929年11月20日,达利在巴黎的首次重要展览于格尔曼斯画廊拉开了帷幕,然而在一片欢呼声中却不见达利的身影。其实,他早就在两天前和加拉"逃"到锡切斯去了,这个海滨城市距巴塞罗那只有几十公里而已。但这次展览举办得非常成功,之前安德烈·布勒东还曾为展览目录编纂了序言。

同样是在1929年,达利正式地融入了超现实主义这个大家庭,但

伟大的自慰者(1929)
马德里,索菲亚王后国家
艺术中心博物馆

1929—1936 超现实主义的里里外外

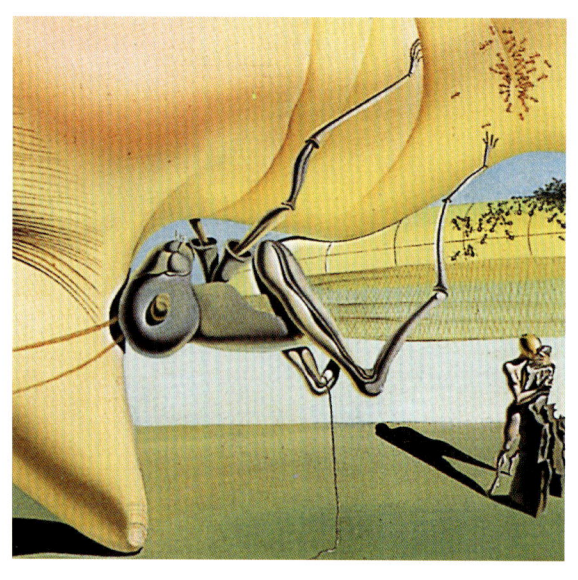

伟大的自慰者（1929）
局部
马德里，索菲亚王后国家艺术中心博物馆

是它的创始人安德烈·布勒东当时正面临着一个对于超现实主义运动来说非常棘手的政治问题——保持独立的立场，抑或让这个团体的一切文化活动都服从共产党的安排。

当时的超现实主义者深深地被这位加泰罗尼亚画家那具有煽动性的风格和丰富的想象力吸引，这使达利名正言顺地加入超现实主义的运动。在此期间，他完成了第二部电影的拍摄制作。这部电影名为《黄金时代》（*L'age d'Or*），由达利和布努埃尔在1930年共同编制。影片抨击了当时人们麻木的公共道德心——因为之前一群年轻的右派极端分子曾粗暴地反抗政府的统治，甚至砸毁了一个电影放映厅，所以警察便对民众实行了非常严厉的监控。从那时起，达利开始把自己的一些画作和其他超现实主义画家的作品一同展览在电影厅的走廊里，其中有一幅作品名为《睡美人、马、隐形的狮子》（*Dormiente, cavallo, leone invisibile*）（1930），这幅作品是当时唯一一幅没有被示威游行者的怒火撕成碎片的画作。其实这些示威人员早就在达利的那部电影里和相关的画作中窥探到了反叛政治社会的端倪。达利是这样来诠释这部电影的："我和布努埃尔编写这部《黄金时代》的整体想法就是要呈现出一个'品行'正直、纯洁的人通过可悲的人道主义理想、爱国主义理想以及血淋淋的现实来追求爱情的故事。"

19世纪30年代初，达利与当时超现实主义者的关系无论是在意识形态上还是在审美观点上都变得愈发紧密，这让达利渐渐地摒弃了谋求改革的托洛茨基主义思想，但同

睡美人、马、隐形的狮子（1930）

时却奠定了达利在超现实主义这个大家庭中的发展路线。达利的发展过程中充满了各种精神上奇特的幻想，著名的"偏执狂批判法"从本质上来说完全就是达利个人发展的代名词。达利渐渐地把这种方法形成一个理论，他把这种方法描述成"运用批判、偏执的方法去看待、诠释互不相干的现象，并且有机地从中提取、抽象出荒诞而且令人匪夷所思的内容"。

1930年7月，安德烈·布勒东领导创办了第一期超现实主义刊物《为革命服务的超现实主义》（*Le Surréalisme au service de la Révolution*），达利曾在上面写道："外部世界的一山一水只不过是用来验证我们精神世界中的那一草一木而已。"在巴黎和巴塞罗那这两座重要的城市里，达利的艺术展览数不胜数；而且达利单单在绘画上的造诣就足以让他在评论界和学术界混得风生水起。在加泰罗尼亚，达利撰写的杂文、参加的学术会议数不胜数。那本《为革命服务的超现实主义》的刊物——早期名为《超现实主义革命》（*La Révolution Surréaliste*）——达利就在上面刊登了一篇篇文章和诗作。同时，他还出版了一些批判性的书籍，比如1930年出版的《看得见的女人》（*La Femme visible*），这本书在意识形态上得到了艾吕雅和布勒东的大力支持。

达利与电影

早在 1927 年,达利就曾在一篇名为《艺术电影,反艺术伎俩》(*Film d'arte, film antiartistico*) 的文章中明确地表达了自己对于电影的理想构思。这篇文章刊登于第 24 期的《文学公报》(*Gazeta Literaria*) 上,达利在行文中流露出来的意思与安托南·阿尔托的观点如出一辙;达利强调电影一定要完全脱离现实,而且还需要饱含那种天马行空的逻辑,这种逻辑恰恰应该内化到一幅幅电影画面的"精神"世界中去——"电影散发的光既是自然意义上的光束,也是精神与心灵之光。电影往往能够捕捉到生活中非同寻常的存在,而这些事物要比招魂时用的那薄如蝉翼的白色细纱还要难察其形,难辨其性。每幅电影画面的背后其实都隐藏着毋庸置疑的灵性。"说到这里,我们其实已经置身于超现实主义的环境中了,以上的种种观点都带有典型的超现实主义色彩,而我们接下来要谈论的达利的第一部电影也同样如此。这部电影名为《一条安达鲁狗》(1929),它由达利和路易斯·布努埃尔共同编写、制作完成。虽然当时这两位艺术家还未正式加入布勒东领导的超现实主义运动组织中,但是影片中却不乏

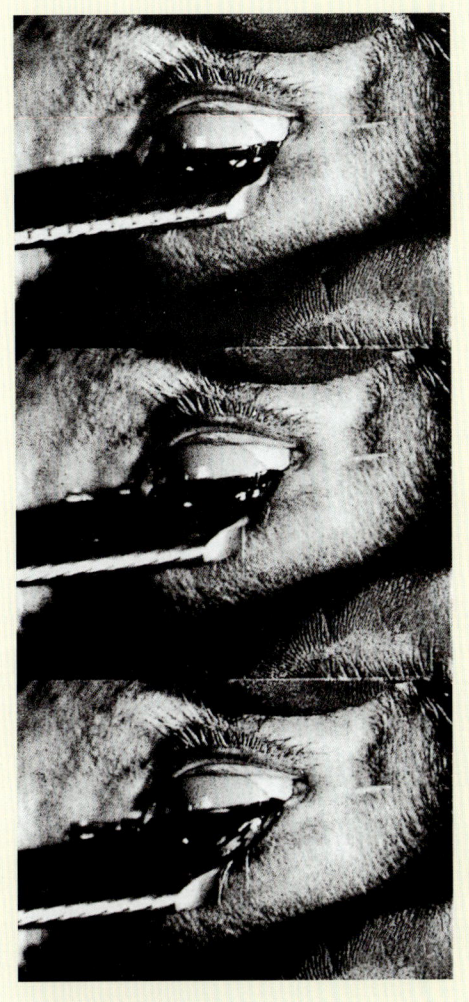

一条安达鲁狗
系列场景(割开的眼睛)
萨尔瓦多·达利和路易斯·布努埃尔拍摄(1929)

基于超现实主义思想的观念和理论。达利当时正在潜心研究他那著名的"偏执狂批判法",同时也饶有兴致地研究了两位16世纪的画家耶罗尼米斯·博斯和勃鲁盖尔,在此之后,他笔下的神秘奇幻的人物也渐渐地成熟起来,这些褪去稚气的人物肖像又在《蜂蜜比血更甜》(1926)和《伟大的自慰者》中重新回到我们的视线中。其实《一条安达鲁狗》这部电影中某些场景正是借鉴这两幅画中的细节和象征元素(比如腐烂的驴、蚂蚁、昆虫等)。

路易斯·布努埃尔将此前从母亲那里继承的一笔钱用于这部电影的制作,其实在他们两人之间,布努埃尔才是真正的导演。但是达利的参与对于电影的构思和编写,以及之后电影大部分的拍摄制作都有着不可替代的作用,而且两人的分工完全不同。布努埃尔曾说这部电影恰恰诞生于"两种幻想的碰撞",这两种幻想自由地翱翔在由一幕幕荒诞、具有象征性的场景组成的电影里,这些场景有时候还会让人大吃一惊。电影《一条安达鲁狗》已然被当成电影史上的一块里程碑,在它的身上带有浓浓的西班牙色彩,同时也正如耶鲁赫尼欧·蒙特斯于1929年所写的那样:"这部电影超越了好电影的界限,打破了对于愉快的定义,肤浅、轻佻等字眼与它完全沾不上边,之前种种法国风格的电影也都被它抛在了身后。"

达利和布努埃尔拍摄这部电影的目的,就是想从技巧上颠覆传统电影和先锋派电影的拍摄方式,他们去掉了一幅接一幅记叙的画面,取而代之的是一连串突如其来而又不合逻辑的视觉冲击,其中充满了放荡不羁的想象。尽管影片中有许多暴力甚至令人心悸的内容,但是两位艺术家却用毫不矫揉造作,同时

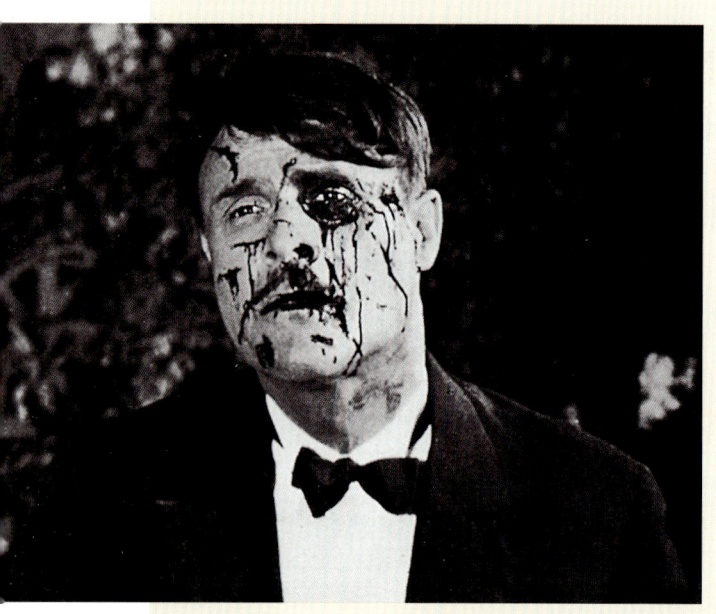

黄金时代
加斯东·毛道特出镜
萨尔瓦多·达利和路易斯·布努埃尔拍摄(1930)

饱含美学韵味的方式向我们娓娓道来；这也是达利把这部电影视为形象和观念上的一次革命的原因，他自己也曾在《萨尔瓦多·达利的秘密生活》中写道："电影如我所愿地取得了成功……仅仅一个晚上，我们的电影就把战后十年间伪知识分子的先锋主义消灭得一干二净。当大家共同目睹了电影开头'小姑娘的一只眼睛被一枚锋利的刀片深深地刺穿'这个场景之后，那些大言不惭地自称抽象艺术的低俗手法，在顷刻间全都倒下了；它们抽搐着捂住致命的伤口，却注定再无东山再起的那一天。在欧洲，蒙德里安先生笔下那些发了疯的长方形恐怕再也找不到容身之所了。"

1930年，达利和布努埃尔共同完成了第二部电影《黄金时代》的制作，但是这部电影却反映出了两人在观念和意识形态上的分歧。由于达利当时深深地被天主教的气派和仪式的庄严感吸引住了，所以他想要向影片中加入"大量大主教、圣物以及圣体显供台"的宗教元素；但当时布努埃尔满脑子都是反资产阶级的思想观念，从而误认为达利和自己心有灵犀，把达利意图错误地诠释成一种反宗教主义的意图。当电影首次在"28号电影棚"放映时，银屏上接连闪现出了一幅幅充满暴力的场景，这让达利非常失望；加上之前理解上的偏差，达利和布努埃尔在理念上的嫌隙愈发明显。其实，电影对于达利来说有着和绘画相同的作用，所以在电影当中，达利也同样运用了"偏执狂批判法"把画面联系在一起，为的就是形成"一个颇有意味有机整体"。

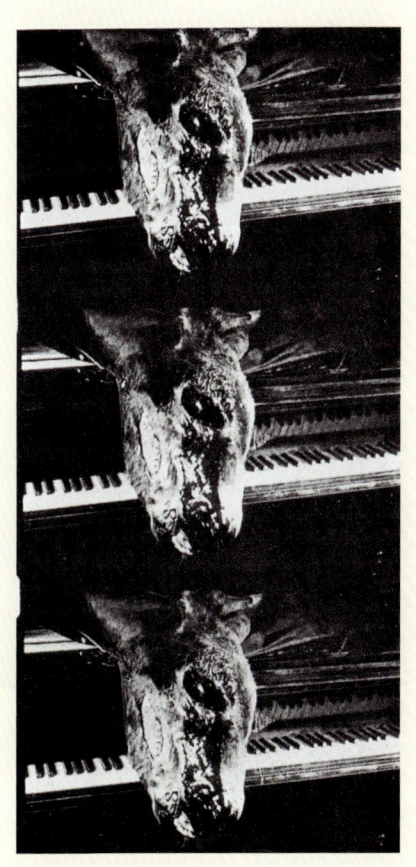

一条安达鲁狗
系列场景（腐烂的驴）
萨尔瓦多·达利和路易斯·布努埃尔拍摄（1929）

达利"反艺术电影"的思想源于他那必要的幻想、孩童般洒脱的天性以及内心的情感，而正是这种情感才让达利在众多的画面中做出毫无联系的挑选。其实，达利并没有打算通过电影传达给观众一个想法、一个道德准则或者一个具体的逻辑含义，也不曾想过影射政治或者社会的状况。但是布努埃尔作为一位学术派的电影导演，却在一篇"后验"的声明中强调通过电影的方式切实地批判资产阶级社会的必要性："人们曾扪心自问如何才能唤醒成千上万的观众，但是又不彻底击碎他们心中的价值观念——超现实主义正是在这个时候开始登上了电影的舞台。超现实主义就是要触碰到社会、种种国家机构最柔软的部分。但是，当然不是以社会主义、写实主义那种粗劣的方式，而是以一种更敏锐、更精妙的方式。"（1974）

一直到70年代，电影始终充斥着达利的艺术生活，它的魅力在达利的心中不曾褪去。1937年，达利（通过图画的形式）为马克斯兄弟的一部电影编订了主题，但是这部电影却一直没能完成。1945年，好莱坞的到来自然也激发起了这位艺术家强烈的好奇心。当时希区柯克导演正在拍摄那部著名的电影《意乱情迷》（*Io ti salverò*）（又名《爱德华大夫》，意版译为《我将拯救你》），但是却苦于其

《眼睛》草图（1945）
达利为希区柯克的电影《我将拯救你》而设计

中一幕的设计，所以便想寻得一位志趣相投又不乏创造力的人才来帮助他们；其实，这一幕就是达利后来在影片中设计的那一连串著名的梦境。事实上，这部影片整体都带有浓厚的弗洛伊德精神分析的色彩，这尤其在达利设计的那一幕中体现得淋漓尽致，而这种基调也恰恰与达利脑中一贯的人物形象完美契和。影片中那梦境的狂想曲正是在一个忽明忽暗、心理上摇摆不定的氛围里"弹奏"起来的：其中不乏人形的岩石、"软弱"的车轮、超现实的纸牌比赛、布帘遮蔽下的眼神还有那一只只重叠交错的大眼睛，但这些眼睛却显得呆滞、无神。以上种种核心元素其实都源于达利的艺术想象。1950年，达利又为文生·明里尼拍摄的电影《岳父大人》(Father of the Bride)设计了另一个有关梦境的场景。之后，在接下来的两年中，达利先是同沃尔特·迪士尼共同构思了两部电影作品（未曾实现），然后又和罗伯特·德尚一起编写了《镶边工和犀牛的惊人历史》的故事（1954—1961，未发表）。1975年，达利还曾与何塞·蒙特斯·巴克尔合作，共同执导拍摄了《洪荒遐想》，这部电影的风格独树一帜，它把那一幕幕错乱复杂的梦境描摹得活灵活现。

布勒东的超现实主义

20世纪40年代初的欧洲，所谓的"艺术先锋派"发展得如火如荼（巴黎自然是它理想的根据地），而正是在这样的文化环境中，超现实主义运动应运而生。在这之前，曾经开展过达达主义运动，而超现实主义运动恰恰诞生于达达主义的无政府主义的呼吁声中。这场运动不仅仅是一场视觉和形式上的"革命"，而且更是一场整体文化上的"改革"。无论是文学，还是诗歌或者视觉艺术都对当时的社会针砭时弊，批判人们冥顽不化的资产阶级价值取向。可以说，超现实主义是第一个真正的提倡对社会和文化进行深刻反思的流派，并且它提倡人们释放自己的天性和无穷的想象力，摆脱一切自然规律、逻辑思维以及思想道德的束缚。事实上，20世纪的一切批判运动都或多或少地带有超现实主义的色彩，比如1968年5月，一群法国学生就曾发起过一个类似的运动，虽然与超现实主义运动的规模相去甚远，但是他们却是从中汲取了许多金句，甚至一些诸如"当权的想象力"这样的口号也为他们所用。

这个运动的伟大精神领袖是作家安德烈·布勒东（1896—1966）。在他的不懈努力下，《第一次超现实主义宣言》（*Primo manifesto del surrealismo*）于1924年在巴黎发表。这第一次宣言完全由布勒东一人撰写，上面醒目地签着他的名字。在这个宣言的最后，有一句意味深长的结束语："生存自另有一番境界。"这句话仿佛囊括了这个运动的所有思想——起初，他们只不过是一群作家或者文学家而已（其中包括保尔·艾吕雅、路易斯·阿拉贡、菲利普·苏波、安托南·阿尔托和皮埃尔·勒韦迪等），而之后一大批画家也很快地加入了进来，比如马克斯·恩斯特（1891—1976）、让·阿尔普、米罗、伊夫·唐吉、勒内·马格里特、毕卡比亚、安德烈·马松、曼·雷和萨尔瓦多·达

旧友的重聚（1922）
马克斯·恩斯特
科隆，瓦尔拉夫－里夏茨博物馆

利,这还只是其中比较知名的几位。

布勒东的主要任务就是把这些各有千秋的重要人物,紧紧地凝聚在超现实主义这个大家庭中,特别是其中那位效仿弗洛伊德的理论艺术家,他倡导(以无意识的名义)追求每个个体的解放;但是还有另一位艺术家,他则更向往马克思主义的思想,力图谋求社会、集体上的解放。

共同的文化认同感构成了重要的文化根基,也正是由此才衍生出了一个个与众不同的理论以及艺术创新。说到这里,我们自然不得不重新提起西格蒙德·弗洛伊德耐人寻味的理论;纪尧姆·阿波利奈尔、阿蒂尔·兰波、洛特雷阿蒙和阿尔弗雷德·雅里笔下生动的诗篇和文学著作(其中洛特雷阿蒙和雅里都是后来超现实主义者的先驱,后世者直接继承了他们的精神);德·奇里诃的画作以及16世纪模仿主义描摹出的一幅幅古怪、奇幻的画面。

"自由书写"(心灵处于无意识的状态)提倡将笔下的文字自由组合成各不相同的作品。渐渐地,在"自由书写"中出现了新的文体和认知方法,而这也标志着文学艺术和形象艺术中的另一个特征——解放想象力和梦境的力量,让思维完全沉浸在无意识的状态中。这一切的一切都是为了打破现实中充满逻辑的叙事结构。事实上,布勒东曾说过这样的话:"超现实主义其实就是单纯地让心灵陷入无意识的状态;在这种状态中,要么通过语言,要么通过笔头或者其他的形式来传达思想的真谛。它简简单单地只是一种思想,它没有逻辑的束缚,也不曾禁锢在美学和道德的标准当中。"

1925年,许多超现实主义成员转而依附法国的共产党。之后不久,在1930年便诞生了《第二次超现实主义宣言》(*Secondo manifesto del surrealismo*),当时正逢萨尔瓦多·达利加入超现实主义这个大家庭。除了达利以外,一同加入的还有路易斯·布努埃尔和雷内·夏尔等人。

1941年,包括布勒东在内的大部分超现实主义者为了躲避第二次世界大战的硝烟,都纷纷举家迁到了美国,也是从那时起,超现实主义这个原本生机勃勃的群体开始渐渐分裂,散落至世界各个角落。当时的布勒东在政治上与托洛茨基领导的共产主义思想有着愈发紧密的联系,再加上他本人做事犹豫,所以根本无法再将曾经的超现实主义群体凝聚起来。但是,这场惊天动地的改革却早已深入人心。

可食之美

1933年12月12日，达利的一篇文章发表于第三期的《人身牛头怪》（Minotaure）杂志上，这篇文章的标题为《惊人的现代风格建筑和可食之美》，文章里还用了许多张照片作为插图。这些照片可能由曼·雷拍摄于巴塞罗那，也可能出自布拉塞照相机下的巴黎。这篇文章一针见血地点明了问题的核心，而这也恰恰是达利力图通过每幅作品传达出来的信息。究其根源，还要从达利那日渐成熟的理论——"美学形态中的刚与柔"说起。达利想要突出表达"这种建筑'富含营养'，可以食用的特点"。在他看来，"这些建筑就是第一批可以'吃'的建筑，也是第一批带有独一无二的性欲色彩的建筑；这种建筑的存在恰恰说明了它们自身一个必要而且'紧急'的功能，那就是唤起人们内心中多情的想象力——想象自己能够大口地咀嚼欲望在现实中的化身"。

其实，高迪设计完成的建筑就是最好的例子：高迪的建筑中融合了哥特式和地中海式两种不同的美学风格，在这两种风格的交响曲中，涌现出了不同的内在元素，比如性爱艺术的想象、心灵深处的欲望、出窍的灵魂以及人类的神经。这些内在元素外化出来的建筑，一个个形态扭曲，好似一躯躯"生物体"一样。由此，衍生出了一个概念——"可食，抑或不可食的美丽"。这个概念就好像达利赋予我们的一把钥匙，它能够帮助我们解读达利所有作品中那一个个脍炙人口的独特人物形象，而且尤其适用于达利30年代前半期的画作中。

所谓"可食用的狂热"最早其实源于达利深爱的加泰罗尼亚的那方土地。还记得克雷乌斯角那绵延不断的礁石吗？比利牛斯山在这里面对一望无际的大海停住了自己的脚步。自童年时代起，达利就常常漫步于此。后来，在妻子加拉的陪伴下，两人也不时地徜徉在这美景当中。达利经常出神地观察那些奇形怪状的礁石，当地的渔夫还根据它们各自的形状取了五花八门的名字（比如骆驼、僧侣、死去的女人还有狮子头等）。这些形态各异的礁石与高迪那地中海风格的建筑也有着千丝万缕的联系——高迪的建筑既如磐石般坚硬，又如丝绸般柔软。通过这些眼中的观察，达利的脑子中也萌发出了刚、柔二元对立的思想，这一刚一柔不仅仅局限在外部的生命形态上，而且还映射出性爱中的轮回交替。那幅著名的画作《软钟》（1931）就是达利这种思想的产物。后来，美国的一位画廊负责人朱利安·莱维曾从达利的手中买下了这幅作品，并将命名为《记忆的永恒》。

达利在自传《萨尔瓦多·达利的秘密生活》中记载了这幅画作的创作历程，这其实在一定程度上也代表着他双重人格的发展历程——达利在社会和公众面前表现出极为

记忆的永恒（1931）
全图
油画，24.1cm×33cm
匿名赠送
纽约，现代艺术博物馆

固执、毫不妥协的姿态；但另一面，他的内心却是无比脆弱，他挚爱的加拉无处不在地保护他心灵中最敏感柔软的部分。

"在我决定画钟的那一天，我就已然打算把这些钟表画得软软绵绵。一天晚上，我突然感觉异常疲惫，头部也少见地隐隐作痛。我和加拉本来想和一群朋友去看电影，但是在最后一刻，我还是改变了主意，决定独自留在家里。加拉走后，我本来也打算早早上床睡觉。我们晚餐的最后一道菜是一块味道很刺激的卡芒贝尔奶酪，他们都走了之后，我又坐在桌旁发了好一会儿的呆；其间，我一直在冥想那块'软软囊囊'的奶酪背后的哲学问题。我起身走进了画室，打开灯光，像往常的习惯那样再瞥一眼这一天所画的作品。画面中，利加特港的景色跃然纸上——礁石静静地躺在水边，沐浴在一束束洁白无瑕、清澈透明

具有和谐感的神秘源头
（约 1932）

盘子里的（和盘子外的）煎鸡蛋（1932）
局部
圣彼得堡（佛罗里达州），萨尔瓦多·达利博物馆

而又忧郁的光芒之中；在前景中，还有一根残断无叶的橄榄树枝。我很清楚我在这幅画面中描摹的意境应该作为背景去衬托一个理念，但是我对这个理念，毫无头绪。我本来已经打算关灯睡觉了，但就在这时，我突然'看见了'答案——在我眼前，浮现出了两只柔软的钟表，其中一只'垂头丧气'地耷拉在橄榄枝上。虽然难忍的阵痛仿佛要将我的头部撕裂开来，但我还是兴致满满地拿起调色板，开始工作了起来。两个小时后，加拉从电影院回来了，这幅画作也大功告成，它成为我之后最著名的作品之一。"

这一切的开端仿佛都是那块"发臭糜烂"的乳酪。这是一个可以食用的东西不假，但是更暗指着时间嘀嗒中的心灵，在人类主观的印象中，这番时间的流逝带有完全不同的"内在"含义，它所遵从的完全是记忆以及灵魂状态的走向。

在那些年中，达利的很多画作里都出现了"舌尖"上的元素，这些元素都带有各自的象征意义——1932年的那幅《加泰罗尼亚的面包》就是很好的例子。这幅作品又名《拟人的面包》，画面中摆放着一种加泰罗尼亚的长形面包，正如在达利的其他画作和超现实主义物品中一样，这个长长的面包明显会让人不由自主地联想到男性的生殖器官。

后来，在菲格拉斯那座专门展览达利作品的博物馆里，达利把整个博物馆的墙上都粘满了圆圆的硬皮面包，声称："我研发的这些面包

死亡岛（1880）
阿诺德·勃克林
巴塞尔，巴塞尔美术馆

并不是用来给成千上万个家庭填饱肚子的；相反，它们的矛头却毫不留情地指向人类。奢华的幻想将手持这些面包向追求实际、急功近利的现实世界报仇雪恨。我的面包具有贵族的气质，光鲜亮丽，同时不乏妄想的潜力。"

另一个"舌尖上"的主题也反复在达利的画作中出现，那就是鸡蛋。它们象征着女人子宫内的世界。在1932年那幅《盘子里的（和盘子外的）煎鸡蛋》的画作中，达利巧妙地运用三个鸡蛋来表达对于性的暗示——这三枚鸡蛋如同一个女人的躯体，而那用于支撑墙体的胡萝卜正是男人的化身；但是随着时间的流逝（熔化滴落的钟表），男人正在慢慢地跌落到女人的手掌心中。

事实上，达利的画作不仅在文化上完全站得住脚，而且更是与16世纪的绘画风格和阿诺德·勃克林（1827—1901）的浪漫主义画风一脉相承。但是尽管如此，在布勒东和达利的朋友眼中，他画中那层出不穷的性暗示开始显得太过火，太浮夸，甚至还有反动的意味。他们会如此认为，其实还有另一个原因——他们身上背负着批判社会的政治责任，而这却使他们与超现实主义的思想渐行渐远。

盘子里的（和盘子外的）煎鸡蛋（1932）
圣彼得堡（佛罗里达州），萨尔瓦多·达利博物馆

《人身牛头怪》

1930年，从超现实主义运动中诞生了第一本杂志——《超现实主义革命》；后来，布勒东领导创办了一本新的杂志，名为《为革命服务的超现实主义》，它取代了原有那本杂志的地位。在那个时期，布勒东已然开始将自己的"革命"观点同共产党的思想紧密联系起来。但是，要说在知识界声望最高，在超现实主义艺术家之间流传最广的一本杂志，非那本精美的《人身牛头怪》莫属。这本杂志创办于1933年的6月1日，最初的想法由艺术出版人特里亚德和著名的编辑阿尔伯特·史基拉提出。超现实主义艺术家们用他们手中那一幅幅精美的画作丰富着每期《人身牛头怪》的内容，除此之外，他们还会被轮番邀请为杂志设计封面；封面的主题当然离不开这个牛头人身的神话动物，艺术家们要根据自己的理解，对这个神话动物做出最为独具匠心的诠释。这个杂志的名字源于安德烈·马松和乔治·巴代伊的想法，他们此前其实还创办了另一本杂志——《记录》（Documents），不幸的是，这本杂志在1929年夭折了，而《人身牛头怪》则直接继承了《记录》中的精华部分。1936年到1937年的冬天，史基拉取代特里亚德成为这本杂志的主编；直到那个时候，才诞生了一个完全由超现实主义者组成的编辑部（其中有布勒东、杜尚、艾吕雅、海涅和马毕）。

《人身牛头怪》封面草稿
（1933年5月，巴黎）
巴勃罗·毕加索
纽约，现代艺术博物馆

第一刊杂志的封面交由毕加索来设计。毕加索用他自己的一幅拼贴画作为背景，在上面加入了一个牛头怪的素描图案，这只"怪兽"的手中握着一把用于祭祀的短刀。这幅精巧的牛头怪素描其实也奏响了另一段序曲——从1934年起，毕加索开始创作一系列以斗牛为主题的画作。第7期封面设计的任务落到了胡安·米罗的头上，这位艺术家采用的是一种几近装饰性的风格，画面上的颜色非常丰富（鲜艳的红色几乎布满了整个画面），而且丝毫不带有悲剧性的色彩；但是1937年冬天（杂志出版的最后一年），在勒内·马格里特执笔设计的第10期封面上，一股死亡的悲伤气息弥漫开来，也

《人身牛头怪》第10期封面（1937年冬天）
勒内·马格里特

许这恰恰预示着随之来临的种种战争灾难。

在每期《人身牛头怪》里，我们都能欣赏到曼·雷的摄影作品。此外，这些作品还会作为插图配在诸如特里斯唐·查拉、安德烈·布勒东，以及萨尔瓦多·达利笔下重要的理论文章旁边。

几乎在每期《人身牛头怪》中，都少不了达利这位加泰罗尼亚艺术家的身影；同时，达利还作为理论家和作家，为这本杂志撰写了许多意义重大的文章，这些文章正是他本人的艺术缩影。下面仅给大家列出一些重要文章的标题：《用偏执狂批判法诠释米勒〈晚祷〉中令人着魔的画面》（第1期，1933）、《惊人的现代风格建筑和可食之美》（第3期，1933）、《幽灵性诱惑的全新色彩》（第5期，1934）、《"生物物体"空气动力式的出现》（第6期，1935）、《一张照片非欧几里得式的心理学》（第7期，1935）、《拉斐尔前派女神的光谱超现实主义》（第8期，1936）以及《柔软结构中毛发形态学第一定律》（第9期，1936）。

达利的许多画作都以彩色的形式数以千计地翻印出来，但是，他设计的那张封面却衬托在一个全黑的背景上。这是《人身牛头怪》第8期的杂志封面（1936年6月），透过这张封面，不难感受到一场历史的悲剧正在悄然来临。那时距离骇人的西班牙内战爆发其实仅有一月之遥。在这幅黑色画面的边缘，排列着一支支钢笔尖，隐喻着那"纵横交错"的刑具。在背景的四个角上，有四块长方形，里面飘浮着四朵流动的云彩，它们的样子和历史上原子弹爆炸后形成的蘑菇云一模一样；"人身牛头怪"（Minotaure）这几个字红得好似鲜血一般。怪物嘴里耷拉出来的那条舌头，也仿佛刚刚舔舐过鲜血。这只牛头怪的身体犹如一具"拼装"的女性躯壳，在她的腹部，一只目露凶光的龙虾破膛而出。其实这种"拼装"的人物是达利的一贯风格。

后来，这幅封面也成为这本杂志发展历史中最耐人寻味的一期封面，而"人身牛头怪"也渐渐地成为一个举足轻重的文化符号——它就好像一面镜子，不仅反映出艺术文化，而且还折射出了科学、人类学和心理学上的文化。这些文化代表着两次世界大战之间欧洲最富生命力的智慧。

《人身牛头怪》第8期封面
（1936年6月）
萨尔瓦多·达利

富含象征意义的超现实主义物品

达利曾在第三期的《为革命服务的超现实主义》（1931年12月）上发表了一篇解释性的文章，文章中他曾具体描述了那些被称为"超现实主义物品"的东西。这些物品代表着这位加泰罗尼亚画家和作家安德烈·布勒东之间最基本的交汇点；布勒东还曾鼓励达利将这些物品制成成品，以此来见证他们对于正统超现实主义思想原则的坚持。1913年，马塞尔·杜尚发明出了一种名为"现成品"（ready made）的艺术，同时布勒东又赋予了这些物件新的象征性功能——这让其他艺术家也纷纷加入了这类物件创作的行列，比如让·阿尔普、马克斯·恩斯特、曼·雷、阿尔贝托·贾科梅蒂和梅拉·奥本海姆。达利曾写道："这些物品的实用功能几乎为零；事实上，它们是幻觉的产物，是生命内心中'敏感'的湖泊，不经意间，便激起了阵阵涟漪。"达利的描述仿佛是在解读超现实主义先驱——洛特雷阿蒙笔下的一个诗句，在这个著名的诗句中，诗人赋予了美丽独特的定义，即为"手术台上缝纫机和伞的偶然邂逅"。其实，正是由于同一物件内部各种元素的"不期而遇"，才诞生出了它们"激发……与众不同的性兴奋"这一象征性的作用；布勒东曾在他的《连通器》（1932）一书中明确地强调过这一点。

带抽屉的米罗维纳斯（1936）

达利制作的超现实主义物品，虽然完美符合超现实主义提倡的类比和矛盾原则，但是还具有一些与众不同的特点，而正是这些独到之处，才让出自达利之手的物件脱颖而出。其实，达利的这些物品几乎都只是为了传达出意乱情迷的意味，而且他所参照的原型统统是一些古代传统的雕塑，但是达利却戏谑地推翻了这些原本"一身正气"的古典雕塑形象，颠覆了其原有的内在价值。那尊《带抽屉的米罗维纳斯》（Venere di Milo a cassetti）（1936）就很好地印证了这一点——这个石膏雕像模仿了最著名的古典雕像之一，但是在她的身上却多出了六个抽屉，这些抽屉其实是在隐喻内心的潜意识。

这些人们眼中曾经的"神"通过一种全新的方式"组装"

了起来,这种方式充满讽刺的意味,并不讲求逻辑道理,却往往带有丰富的象征含义,而且还离不开"至刚至柔"的想象。如此一来,这些"神"便失去了它们原来的功用,转而进入了一个主观的世界,在这个维度中,无绝对可言,只存在相对的意义。1932年,达利完成的第一件超现实主义物品于巴黎展出,这个作品名为《有象征意义的超现实主义物品——高跟鞋》。它本来应该有一个机械功能——把一小块方糖(其上方粘着一张高跟鞋的照片)浸入热腾腾的牛奶,这杯牛奶刚好塞在女性的高跟鞋里;作品中还有一些其他的装饰品,比如一张色情的小相片,以及一簇阴部的毛发。种种元素叠加在一起,构成了这个超现实主义物品,它好似一个奇怪的符号,暗示着梦与性。然而,达利于1936年完成的另一个作品却带给我们简单而又荒谬的直观感受,这个作品就是《龙虾电话机》("我不明白为什么我在餐厅点了一只烤龙虾之后,他们从来不给我上一部'外焦里嫩'的电话机……")。达利的另一个作品《回顾的女人半身像》(1933)明显地展现出了复杂的雕塑技巧。他是这样来定义这个作品的——"论其功能,还算实用;它象征着乳汁的滋养和默默维持着的生计",但是达利偏偏要把它变得"除审美价值之外'百无一用'"。在这个半身像上,浮现出了一些达利人物肖像中最基本的元素,比如那根长长的加泰罗尼亚面包和那两个垂下的玉米棒,虽然都是可以入口的食物,却饱含色情的意味(两者的形状都和男性生殖器官类似);在她的头上有一个砚台,上面的两个小人像源于米勒的著名画作《晚祷》;同时,一只只蚂蚁爬满了她的脸部,明目张胆地"蚕食"着她的面容。

龙虾电话机(1936)
伦敦,泰特现代艺术馆

高跟鞋(1932)

回顾的女人半身像(1933)

1929—1936 超现实主义的里里外外

米勒的《晚祷》与"偏执狂批判法"

凭空的思维幻想是超现实主义艺术思想最基本的立足点之一，这种思维活动其实是对偏执狂患者神经错乱行为的模仿，也就是（根据弗洛伊德的学说）在那黑暗而又神秘的无意识世界中，寻得一份自己头脑中的牢固根基。在这项思维活动的发展过程中，渐渐形成了一种名为"多元画面"抑或"偏执狂画面"的理论。简单来说，就是在同一事物中同时出现不同层次、不同角度的解读和理解，而这个事物本身也恰恰带有自身的多面性。从30年代初期开始，达利慢慢地把所谓的"偏执狂批判法"形成一套完整的理论，这个方法就是利用偏执狂的思维把一幅幅画面以一种"批判"的眼光串联在一起——这就好像是认识世界的一种工具。引用布勒东的一句话来说："这种方法运筹帷幄着客观却又偶然的力量。"布勒东当时曾承认这个"偏执狂批判法"是超现实主义中一种"傲视群雄的方法"。法国著名的精神分析学家雅各·拉冈（1901—1981）曾在同时期发表了一篇题目为《论妄想狂精神病与人格的关系》的论文，文章的观点在思想和方法上提供给了达利最为坚实的立足点。

1935年，在《非理性的征服》这篇重要的短文中，达利曾坦言："在绘画方面，我唯一的习惯，就是汲汲渴求将那些彻底缺乏逻辑的画面忠实地还原出来……而这些画面暂时并不能解释清楚，理性的直觉或者逻辑推理也不能将其还原出来。"

达利将这种概念实际应用在他众多的画作中，融入那些"富含象征意义的超现实主义物品"里；但是，这种概念尤其在达利那篇《用偏执狂批判法诠释米勒〈晚祷〉中令人着魔的画面》的文章中体现得淋漓尽致。这篇文章刊登于第1期的《人身牛头怪》杂志上，文中达利曾对让·弗朗索瓦·米勒的画作《晚祷》（1858—1859）做出了举世闻名的理论解释。这幅画作中的画面一直让达利念念不忘，几近

晚祷（1858—1859）
让·弗朗索瓦·米勒
巴黎，奥赛博物馆

成了一种心病，终于他在这篇文章中给予了它系统的诠释。不久之后，达利似乎意犹未尽地在他的著作《米勒〈晚祷〉中的悲剧神话》中，又一次解读了这幅作品。

1932年6月，在这本配有一幅幅解释性插图的书中，突然出现了一个妄想症患者眼中的《晚祷》。这种幻想视角下的《晚祷》正是那"最初妄想现象"的真实写照，这种现象其实也源于那些"剪不断，理还乱"的画面。米勒的这幅作品可谓人尽皆知，不知有多少人曾临摹过它。在达利看来，这幅作品"表面上似乎毫无深意"，但事实并非如此。达利曾说："在我眼中，米勒的《晚祷》里隐藏着一个不为人知的'阴谋'——顷刻之间，它就要跻身成为史上最让人躁动不安的绘画作品；它要变成谜一般的无底洞，拥有深不可测的寓意，同时饱含数不尽的无意识思想观念。"如此一来，达利便在书中展开了一连串的解读，达利将关注点放在画面的主体，也就是两个农民的身上；画中的两位农民正在专心致志地祈祷，当时正值黄昏时节，两人在荒芜的田野上相对而立，他们挺直身板，一动不动。从他们的一举一动，甚至无意识的小细节中，达利开始搭建出各种各样的心理联系。

然而之后在一次艺术史的研究中，达利仅仅在德·奇里柯的那幅《浪子回头》中发现了与前者相似的创作情况（但是人

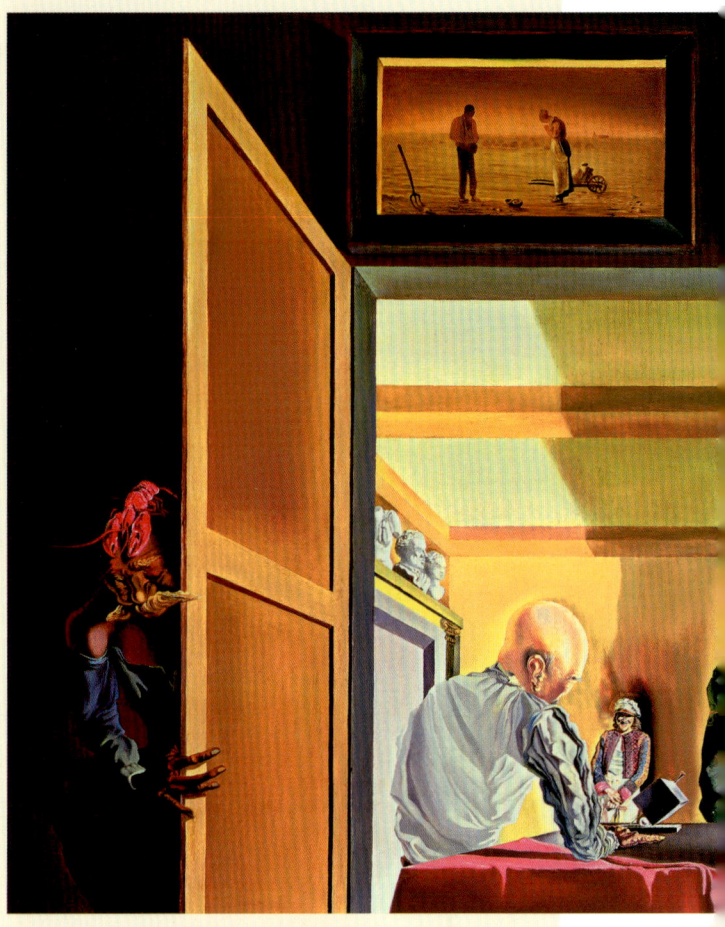

加拉和米勒的晚祷，在图像失真就要到来之前（约1933）
渥太华，加拿大国立美术馆

物之间传达出来的关系却大相径庭）。这让达利不得不重新审视自己之前类似的猜测，比如说他曾把夕阳下的两位农民与史前两座恢宏的古迹联系在一起（支石墓和立石），抑或联想到加泰罗尼亚克雷乌斯角茫茫岩石上雕琢出的两个类人猿形象。

达利经过了一番苦思冥想，并且在分析了画面中这两个主要人物众多不同的象

1929—1936　超现实主义的里里外外

雨后隔代遗传的残迹（约1933）
1981年乔治·F.凯勒遗赠
伯尔尼，伯尔尼艺术博物馆

征意义之后，终于得出了一个结论。然而这个结论却揭示出这整幅作品中，性爱和悲剧的色彩。在他们两个人共同面对的那片土地里，埋葬着他们那早已殒命的小儿子。"如此一来，便能解释这两具孤独人影间那'不可名状'的窘迫了；其实，他们早已被先前的一个特定因素捆绑在了一起，只不过这个因素后来淡出了画面，仿佛'躲'进了一幅颠三倒四的拼贴画里。"画面中的手推车是女性的象征，它在大量民间的画作中都是农村情爱的代名词，而在这幅画作中，达利也"照猫画虎"地剖析它的含义。终于，一件不可思议的事情发生了（于1963年出版的书中序言里曾提到过）。这件事情牢牢地支撑起了达利之前的猜测，验证了种种判断的合理性——在罗浮宫的实验室中（罗浮宫中保存着《晚祷》的原作），人们通过X光的检测，在《晚祷》的画面中发现了一个画家本想后来去除的元素：这是一个深色的几何形状，它的位置刚好在两个农民的脚下，样子好似一个不大的棺材。种种发现都说明了米勒其实本来也想在画面中的那层土地下面，勾勒出那夭折的孩子。从那时起，达利便不曾摆脱这幅画作的"魔爪"，在他之后的许多作品中，我们常常能看见《晚祷》中的两位主人公，他们就好像两个极具象征意义的典范，在互不相同的画作中变换成各具特色的样子。

与超现实主义者分道扬镳

达利在他成功的道路上不断地"飞奔"着,1934年在纽约的两场重要个人展更是把他的成功推向了一个高潮——在朱利安·莱维的画廊里,展出了达利数幅独具匠心的蚀刻版画,这些版画的灵感源于《马尔多罗之歌》(洛特雷阿蒙的重要诗作)。除此之外,达利作品中那绝妙的讽刺手法更是轻易地吸引了人们的注意;举个例子来说,达利曾在展览中摆放了一个长达两米半的大面包。达利的画作在当时非常抢手,为他举办的各类招待会或者研讨会让达利应接不暇,但是达利自身的性格却让他在这些活动上出尽了风头。在一次会议上,达利就说出了那句家喻户晓的名言:"我同疯子的唯一区别在于我不是疯子。"然而这句名言其实还和他另一句似是而非的声明有着千丝万缕的联系——"我同超现实主义者的区别在于我才是超现实主义者"。此言一出,达利便暴露了他与布勒东那群人之间渐行渐远的事实。

1934年,达利的作品《威廉·泰尔之谜》通过独立艺术家协会进入了世人的视线,而这幅画作的出现,却标志着达利和超现实主义者之间第一次真正的分歧。事实上,真正让这些超现实主义者忍无可忍的,是这个"威廉·泰尔"居然和列宁的尊容有着众多的相似点;除此之外,他的臀部长到令人发指,以至不得不依托在一个分叉的拐杖上。在布勒东的眼中,这就是极为冒犯的"反革命行为"。在这幅作品中,达利不仅激起了超现实主义者的众怒,而且更是清算了自己和父亲之间的一笔恶账——此前,他的父亲曾强烈反对达利和一个女人同居。事实上,画面中的人物正是他父亲的缩影;他的怀中抱着一个刚刚出生的孩子,孩子的头上顶着一块生肉排,仿佛他要把那个孩子生吞了一般。画面中,还有一个极其微小的圆球,上面画有加拉的肖像,但是这个小球时刻处于被那只大脚碾碎的危险之中。

达利这个极其出格的举动,最终让他与父亲之间的关系彻底破裂。在达利父亲的眼中,达利此举是对自己已故妻子的莫大侮辱和亵渎——达利曾在一幅画有耶稣心脏的石版画上写下"有时候,我会朝母亲的遗像吐痰来自娱自乐"的话语。达利曾辩解道:"人们可以在睡梦中侮辱自己在现实中崇拜的人,自然也可以梦见自己曾向母亲的脸上啐了一口痰。"但是他的辩

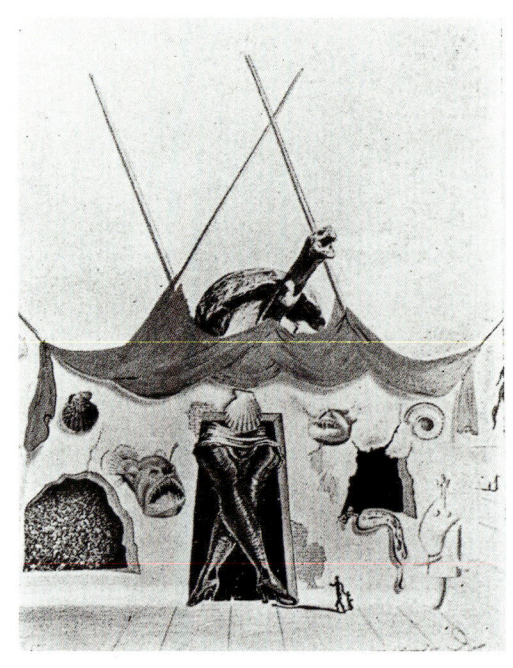

爱的庙宇（1933）
版画

威廉·泰尔之谜（约1933）
局部
斯德哥尔摩，当代美术馆

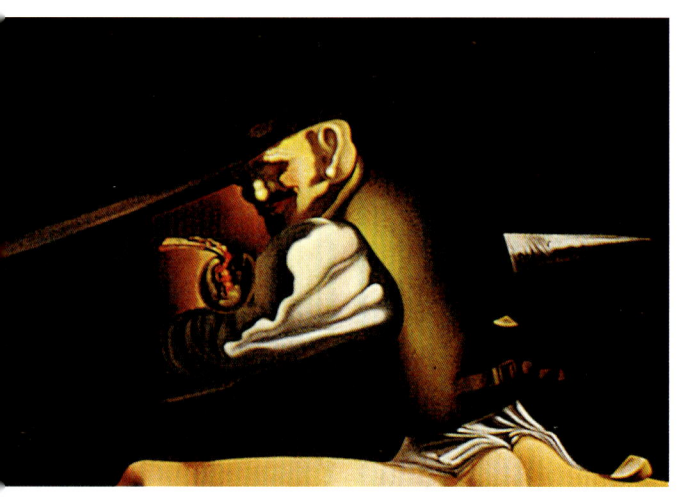

解并没有什么用，达利仍然没能逃过被彻底逐出家门的命运。离开那些对他来说神话般的地方让达利的心中悲痛不已，但也正是因此，他决定在卡达克斯附近的利加特港买下一个鱼棚，这样他就可以带着心爱的加拉到那里去"遮风避雨"。1934年，在与父亲决裂不久后，达利也开始慢慢地被超现实主义者毅然决然地排除出这个团体。

达利的自传《一个天才的日记》一开篇，就详尽地记述了达利在超现实主义世界中的跌宕起伏。这段历程始于1929年，但由于达利和安德烈·布勒东在意识形态上的分歧，最终他于1936年在超现实主义这条路上走到了尽头。达利曾在书中写道："安德烈·布勒东绝不允许我成为最后的也是唯一的超现实主义者，但是当有一天这些文字公之于世的时候，你们都要擦亮眼睛看看世界是如何发生天翻地覆变化的。"

渐渐地，达利的眼中愈发容不下那个以自我为中心的布勒东。不久后，他就被召到超现实主义这个团体的所有成员面前。他们勒令达利解释清楚自身那一味摒弃传统的观念和那不知廉耻的处世态度。除此之外，达利还必须澄清自己的政治倾向，因为这位艺术家表现得愈发同情，甚至是支持极权主义的政治统治。

在和布勒东经过一番唇枪舌剑之后，达利迎来了一段风平浪静的日子。然而，最终在1936年，达利正式宣布退出超现实主义团体。可是尽管如此，在后来许多超现实主义的创举中，达利的影子依然不断地浮现在人们的眼前。原因其实很简单：超现实主义运动需要一个夺得公众眼球的人物，而且在当时人们的心中，达利就是超现实主义的化身。

在 1934 年 5 月 12 日那期的《人身牛头怪》杂志上，达利发表了一篇好评如潮的文章——《幽灵性诱惑的全新色彩》；文中，达利剖析了"伪装现实"的概念，在达利看来，现实其实隐藏在表面的现象之下，它好似看不见的幽灵，拥有千变万化的样子。这个概念充分地体现在那幅《幽灵的性诱惑》（约 1934 年）里。画面中，一具巨型的女性躯体正不断地扭动着腰身，仿佛要将自己与身后的岩石融为一体，隐藏在这自然景观之中。达利这种二元组合图像的手法其实继承于一位 16 世纪的画家——朱塞佩·阿尔钦博托（1527—1593）（这位画家的作品颇具想象力，而且蕴藏着满满的寓意，他曾利用不同的自然元素拼出了一幅稀奇古怪的人物肖像画）。在 1939 年，布勒东还曾把达利的这篇文章收录到他那本著名的《黑色幽默选集》之中，以此作为这位加泰罗尼亚画家口中那偏执狂理论的结语。但同时布勒东也把它当成了对达利进行"后验"批判的机会："无须特别的说明，这种种特点无疑都是特指之前人们熟知的达利。1935 年前后，他就渐渐地淡出了我们的视线，他好像变了一个人，也许'美金狂人'这个称呼更适合他。他堕

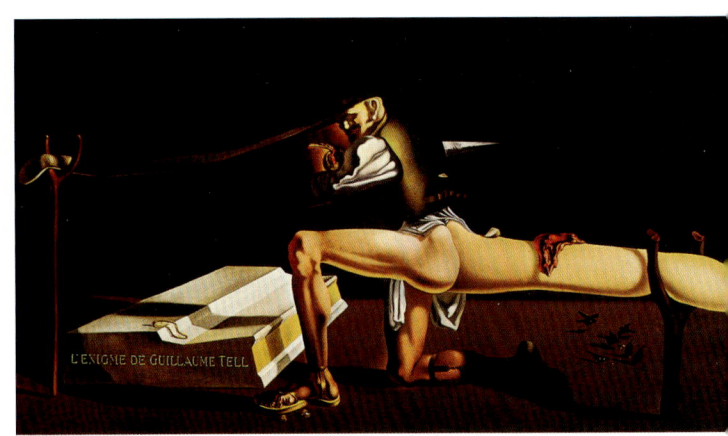

威廉·泰尔之谜（约 1933）
斯德哥尔摩，当代美术馆

威廉·泰尔之谜 草图（1933）
圣彼得斯堡（佛罗里达州），萨尔瓦多·达利博物馆

水（1556）
朱塞佩·阿尔钦博托
维也纳，艺术史博物馆

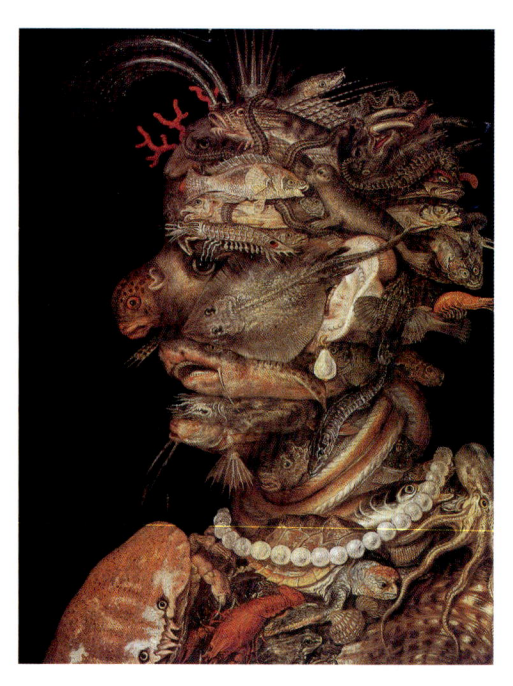

落成了一个凡夫俗子，好像已经被天主教的信仰吞噬好一段时间了吧。他还又去重新拥抱文艺复兴时期那些完美的艺术模型，可是这些文艺复兴时期的作品在现今看来，无不向我们卖弄着当时教皇的风采。"

加拉和米勒的晚祷，在图像失真就要到来之前（约1933）
局部
渥太华，加拿大国立美术馆

幽灵的性诱惑（约 1934）
菲格拉斯，加拉－萨尔瓦多·达利基金会

◀ **火焰熊熊的长颈鹿**（约1937）
局部
伊曼纽尔·霍夫曼基金会永久将其
借给巴塞尔美术馆

1937—1948　美金狂人

无形的物体

　　1936年的夏天，伴随着西班牙内战的爆发，达利和加拉前去利加特港"避世"的愿望化为泡影，于是两人决定在欧洲四处游荡。当时，佛朗哥发动了一场政变，整个西班牙正处于陷入法西斯独裁统治的危机当中。但是这些根本不会让达利心烦意乱，他曾明确地表示出自己对于政治和历史的冷漠。只有一件事情深深地刺痛了达利的每一根神经，那就是加西亚·洛尔卡的死讯——1936年在格拉纳达，这位达利青年时期的挚友，悲壮地倒在了弗拉哥主义者无情的枪口下。随后，达利在《一个天才的日记》里曾写道："过去也好，如今也罢，他始终都是人们心中的政治英雄。而我，作为他曾经最好的朋友，可以当着上帝和历史的面作证：洛尔卡是一位纯粹的诗人，同时还是我认识的人中对政治最为漠不关心的那个人。他只是一个牺牲品，他用自己的鲜血来赎清个人的、个人之外的，乃至一个地区的罪过；但归根结底，在西班牙内战这场浩劫中，在无处不在的混乱中，在纠缠不休的困境中，他其实仅仅只是一个无辜的受害者。"

　　1936年到1937年，达利完成了一幅名为《火焰熊熊的长颈鹿》的作品，其中很可能蕴含着对于内战的冷嘲热讽。画面中，弥漫着一股凄凉的氛围：在远方，长颈鹿那幽灵般的肉体正在熊熊燃烧；那个浑身上下"长满"抽屉的女性形象，不仅暗示着人类灵魂中一个个秘密的抽屉，而且很有可能还同达利之前一个相似的形象呼应了起来，那个形象就是《人身牛头怪》（1936年6月）第8期的封面——画面中人物受伤的身体仿佛如抽屉般被暴力地"拉开"，此情此景很明显折射出当时战争的野蛮。

　　面对硝烟四起的战争，达利似乎只表露出冷漠的态度和肤浅的看法，但恰恰如此，他才愈发靠近他嘴中那"超越传统的真相"。为了找到它，达利和加

▶ **火焰熊熊的长颈鹿**（约1937）
伊曼纽尔·霍夫曼基金会永久将其借给巴塞尔美术馆

抽屉之城 / 人形橱柜（1936）
局部
杜赛尔多夫，北莱茵-威斯特法伦艺术品收藏馆

第8期《人身牛头怪》封面
局部

拉一同前往意大利，参观了数座罗马和佛罗伦萨的博物馆。达利曾言："虽然战争和变革这些不幸的灾祸，让我的国家分崩离析，但是却让我对美学的热情更加高涨；当我的国家与死亡和毁灭纠缠在一起的时候，我却在同欧洲未来的一个神秘人物对话，它就是文艺复兴。"

渐渐地，达利的兴趣转移到了对文艺复兴时期艺术的研究上，他开始在他众多的作品中搭建起一套画面的象征体系，这些画面往往和传统绘画中的人物形象紧密相连，但是却以"偏执狂批判法"形式诠释在大家眼前。

《变形的水仙》是达利于1937年完成的作品，在这幅非凡的画作中，随处可见文艺复兴和模仿主义带给达利的灵感。《变形的水仙》再现了那个经典的神话故事——年轻的那耳喀索斯（水仙）爱上了自己在水中的倒影，但是由于那耳喀索斯根本无法得到自己的倒影，最终便化身成一束以他自己的名字命名的花朵。画面中那扭曲的身形所处的环境，仿佛位于现实与幻觉模糊的连接点，达利在一首与这幅画作同名的诗篇中也对此有所描述。

在《变形的水仙》中,那个年轻的少年紧紧地蜷缩着,他好似一块巨石,屹立在波光粼粼的湖面上;渐渐地,他便消失在自己那二重的"无形"世界中去了——他的身体变成了一只石化的巨手,手指上立着一颗破裂的鸡蛋,随后一株水仙花从中破壳而出。在这幅画面中,达利从左向右连贯地述说了这一系列疯狂、生动的变化过程,同时也描摹出了颜色和形状的变化。起初,少年的身体晶莹剔透,好像马上就要消失于无形之间;慢慢地,他变得越来越清晰,现实的气息愈发饱满。这就犹如从一场天马行空的梦境中慢慢觉醒的过程。

在同一年(1937),达利运用相同的方法完成了另一幅代表作《睡眠》,它诞生于达利对克雷乌斯角一块巨型

变形的水仙(1937)
全图和局部
伦敦,泰特现代艺术馆

克雷乌斯角上被称为"睡眠"的石头（照片）

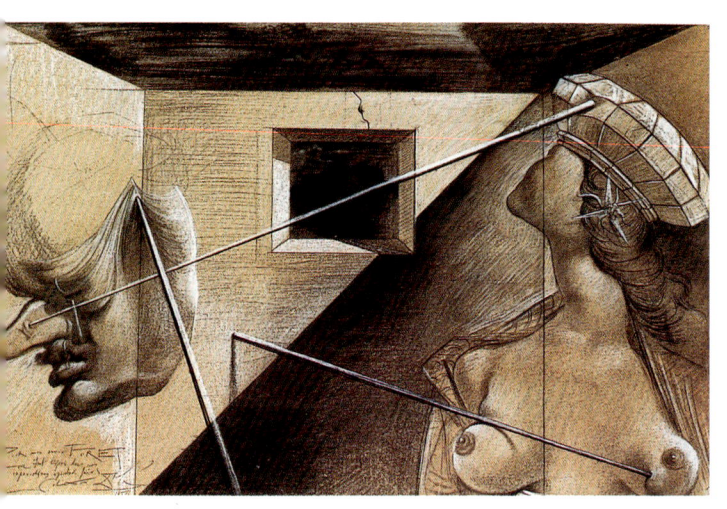

莎乐美女王（1937）

西班牙（1938）
鹿特丹，博伊曼斯·范伯宁恩美术馆

岩石的空幻回忆。达利以极强的视觉效果表现出了那"畸形的睡梦，它的样子好似一颗又大又沉的头颅，后面连着一具细长的身躯；一个个'真材实料'的拐杖支撑着这具躯体，维持着它的平衡"。达利对于画面中空幻形象的刻画十分感兴趣，在他的一系列作品中，许多"无形"的元素都是通过一个个视觉游戏映入画面之中。

主要场景的视觉层次为两层、三层或者四层，如果去展开更细致地解读的话，透过不同的视角会呈现出不同的画面；但同时一些原本显而易见的画面也会悄然消失，这些浮现出来的不同画面会让画作整体的意义截然不同。达利1938年的作品《消失的影像》和1940年精美的画作《三个时期》(Le tre età)都很好地印证了这一点。在《三个时期》中,想要找出三个人类的脑袋并非难事,他们隐藏在由岩石、枯树和悬崖组成的一簇簇风景之中,象征着人生中三个不同的年龄阶段。

绘画中的这种视错觉最早源于对于透视手法的巧妙运用,从文艺复兴时期起,这些技巧就在欧洲的画作中发展得如火如荼。比如著名的"歪像描法",这种手法会通过一种与画面中主体形象完全不同的透视视角,来单独刻画其中的某一件物体。

达利通过对这些技巧的模仿和运用,试图刺激人类生理上的视觉感官系统,让视觉神经在搭建画面的同时不断推翻先前的构思,捕捉到画面中多元的形态。然而,达利的意图不只停留在表面上,而且还深入到观念和思想中去,他所传达的精神和超现实主义者的观点完全一致,那就是对于现实的多重认知。尽管达利曾与布勒东决裂,但是事实上,他仍把自己称为唯一真正的超现实主义者,继续参加这个团体之中最为重要的那些展览。比如说,

睡眠(约1937)

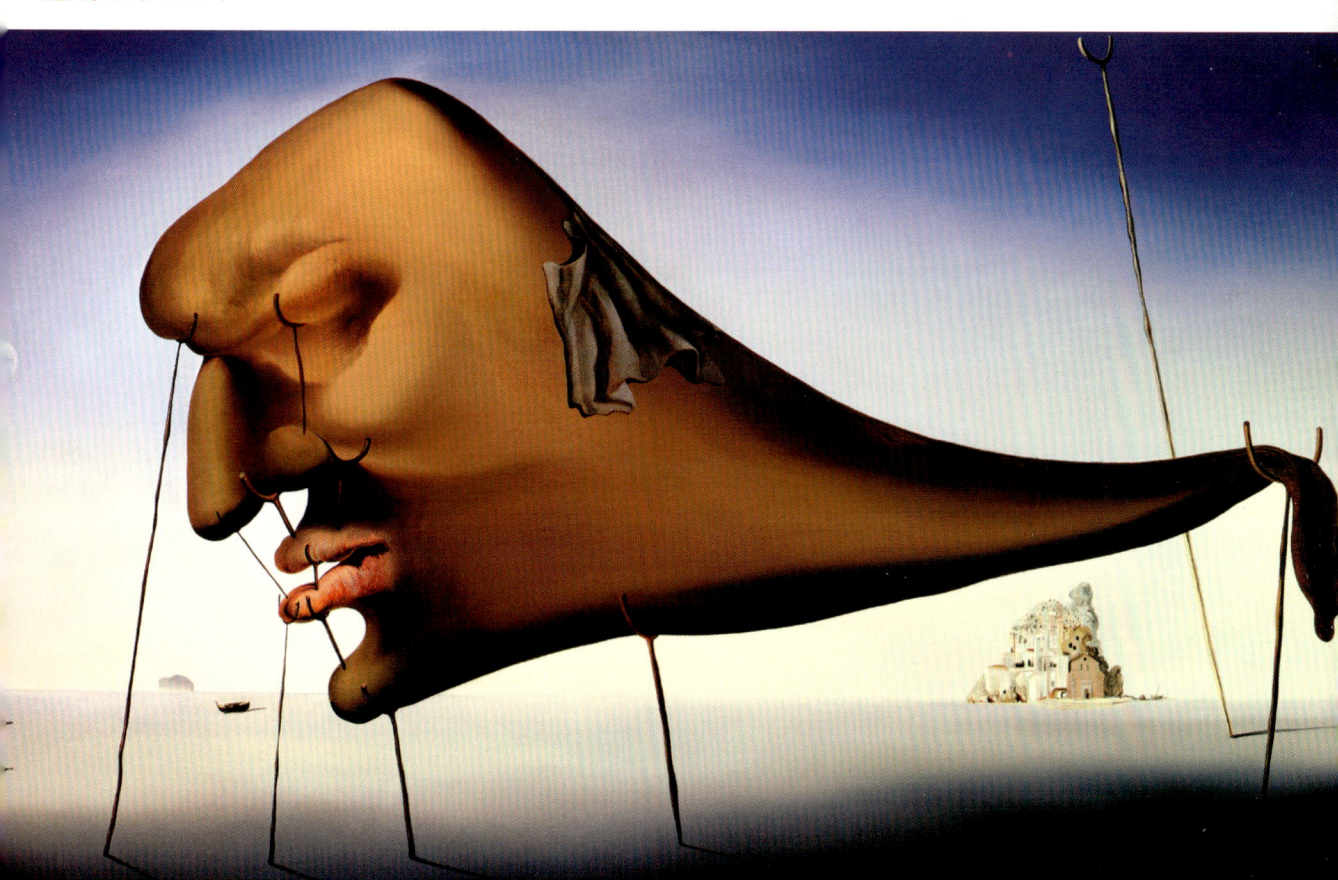

在 1937 年，达利就参加了纽约现代艺术博物馆的展览，这场展览名为"幻想艺术，达达主义，超现实主义"；此外，同年在伦敦、匹兹堡和东京的展览上，也都有达利的身影。

1938 年 1 月 17 日，举足轻重的国际超现实主义博览会在巴黎的一家美术馆盛大开幕。这次博览会由布勒东和艾吕雅组织举办，参展的艺术家包括马塞尔·杜尚、马克斯·恩斯特和曼·雷；自然也少不了萨尔瓦多·达利。他在博览会上展出了那件举世闻名的装置艺术品——《多雨的出租车》（*Il taxi piovoso*），这件作品目前保存在菲格拉斯达利戏剧博物馆的庭院中。

同样是在 1938 年，发生了一件对达利至关重要的事情——他在伦敦与西格蒙德·弗洛伊德相遇了。此前这位犹太精神分析家为了躲避纳粹分子的迫害，曾逃到伦敦这座城市。在当时的情形下，达利通过斯蒂芬·茨威格和爱德华·詹姆斯的介绍，接触到了弗洛伊德本人，他曾当面为这位精神分析学的创始人完成了几幅画像。

虽然弗洛伊德当时有些心不在焉，但他仿佛还是被这位画家的人格深深地触动到了，他曾惊叹道："我从未在西班牙人中见过如此完美的典范。这太疯狂了！"说到超现实主义，早年间在维也纳的时候，弗洛伊德曾抱有将信将疑的态度，但是他

消失的影像（1938）
达利遗赠
菲格拉斯，加拉－萨尔瓦多·达利基金会

消失的影像 草图（1938）
菲格拉斯，加拉－萨尔瓦多·达利基金会

三个时期 / 老年、青年、幼年（1940）
圣彼得斯堡（佛罗里达州），萨尔瓦多·达利博物馆

向达利透露道："我会在古典画作中发掘其中潜意识的内容，而在超现实主义的作品里，我会去寻找有意识的东西。"1939年，在弗洛伊德临死前，达利终于直接面对面地与他交流畅谈，但是自那之后，面对欧洲日益蔓延的严峻形势，达利心中翻滚起了一股强烈的情感；随着形势的不断恶化，第二次世界大战这场人间浩劫也在悄然来临。也许，弗洛伊德这位伟大人物悲惨而又荒谬的流亡历程，会让达利重新反思希特勒这个人物的形象吧。

在那幅绝美的画作《希特勒之谜》（1939）中，画面的基调为灰色和黑色。此前慕尼黑会议上笼罩的恐怖，在画面中象征符号的衬托下仿佛变得愈发露骨；毫无疑问，这些符号预示着毁灭，是死神来临前的征兆。达利曾这样描述这幅画作："尽管这个作品中没有任何刻意的政治性隐喻（当然，这幅画作完全出

希特勒之谜（1939）
马德里，索菲娅王后国家艺术中心博物馆

自我的笔下，这是至死都不会变的事实），但是却让我与纳粹主义者之间再无瓜葛，同时这个作品还要为积极反抗纳粹主义的人士高声喝彩。当我写下这些文字之时，我承认就连我自己也仍未解开那个著名的谜题。"

但是不管怎么说，画面中那个张牙舞爪的黑色巨型电话筒、寒酸的空盘子、蝙蝠，以及张伯伦的雨伞，都说明这幅画作具有极深的"寓意，它仿佛预兆着又一场中世纪的风暴，它正在开始慢慢地笼罩在欧洲的上空，让欧洲这片土地再次遁入黑暗"。

秀兰·邓波儿，那个时代最圣洁的影院恶魔/巴塞罗那的斯芬克斯（1939）
鹿特丹，博伊曼斯·范伯宁恩美术馆

西班牙内战

1931年之后，西班牙由两个政府轮流执政。其一是由左翼力量支持的民主政府；另一个政府由保皇党和保守派天主教徒吉尔·罗伯斯领导，反对、镇压任何形式的改革。在1936年2月的选举中，人民阵线夺得了最终的胜利——人民阵线中包括共和左翼集团中的激进分子、西班牙共产党和加泰罗尼亚无政府主义分子，同时还联合了外界社会主义人士的力量。选举过后，共和政府的总理曼努埃尔·阿扎尼亚立即实行了民主开放的政策，加强了工会和工人阶级的势力，却危害到了地主、资本家和右翼保守势力的利益。这些最初高举民主旗帜的政治变更，预示着之后右翼势力和军队准备要发动的政变。1936年7月18日，弗朗西斯科·佛朗哥同其他三位将军一起，率军反抗西班牙当时的政府。当权政府试图通过和平的方式解决争端，维持社会的秩序，但最终失败了，因此，政府决定将武器下放到人民手中。但也是从那时起，一场真真正正的内战拉开了帷幕。这场战争持续了三年之久，内战不仅把西班牙变成了一个真刀真枪的战场，而且还让法西斯主义和反法西斯主义——这两种国际环境中的意识形态，在这片土地上展开了激烈的较量。一方面，以佛朗哥为首的军队得到了德国希特勒和意大利墨索里尼的军事援助；而另一方面，共和政府的军队则受到了各国"国际纵队"的大力支持，"国际纵队"中包括意大利和德国的反法西斯主义者，以及来自美国的志愿军。1937年3月，"国际纵队"在西班牙的瓜达拉哈拉击溃了法西斯军队，然而这些志愿军只在战争初期占了上风，随着时间的推移，他们渐渐无法抵抗敌军在人员和装备上的强大优势；再有，这些志愿军并没有得到来自法国、英国和苏联的军事支持。最终，在1939年的1月，这场西班牙的内部冲突在弗朗西斯科·佛朗哥进驻巴塞罗那的那一刻画上了句号，然而佛朗哥的到来却让无数的老百姓、军人和知识分子走上了流亡的生涯。

这场残酷内战的代价十分惨重——60万人死于战火之中，一座座城市化为断壁残垣。1937年4月26日，在德军的轰炸下，位于巴斯克自治区的格尔尼卡镇在顷刻间被夷为平地，但是巴勃罗·毕加索却在一幅油画（《格尔尼卡》，1937）中，让这座小镇名垂千古。后来，这幅油画象征着20世纪发生的所有浩劫，折射出一场场荒谬的战争和惨无人道的屠杀。当时，毕加索已然在这场西班牙内战中窥探到国家政治上的蛛丝马迹，然而达利却只把这次战争当成一个看似自然的现象："我根本不是一个能跟上历史脚步的人。相反，我的内心根本感受不到历史和政治的存在。要么是我太超前了，要么就是我过于落后这个时代了；但总之，我从来就无法和别人保持一致。这场内战根本没有动摇我的思想，相反，却让这些思想愈发坚定地演变。在任何形式的变革面前，厌恶也好，恐惧也罢，在我看来都是极其反常的。但是，我也不想被贴上反动分子的标签——因为我本身也不是，我也不会'反抗'，就好像那不会思考的物质一样。但是我以前常常思考，甚至还会胡思乱想，因为我只想成为那个达利。"达利的立场总是很矛盾，可能还带点机会主义的意味。一方面他的确非常同情共和党人，但是当佛朗哥的势力掌握了政权，统治了国家的时候，他就改变了自己原先的想法，为的是能够保证自己在战争结束之后安全地回到西班牙。

1936年，在战争爆发的六个月前，达利完成了一个名为《豆角和菜豆／内战的预兆》的作品。画面中煮熟的豆角这一"可食"的元素隐喻着饥饿和战争，同时这些豆角也是整片荒芜的岩石中唯一留存的生命迹象。战争的荒谬、恐怖还有野蛮都赤裸裸地表现在那"由胳膊和腿组成的巨大人体上，这些四肢疯狂地纠缠在一起，互不相让"。

格尔尼卡（1937）
巴勃罗·毕加索
马德里，索菲娅王后国家艺术中心博物馆

豆角和菜豆／内战的预兆（1936）
萨尔瓦多·达利
沃尔特·阿伦斯伯格和妻子露易丝收藏
费城，艺术博物馆

弗洛伊德与精神分析学

"弗洛伊德是超现实主义必不可少的一部分。这不仅因为他点亮了心灵的那一方田地，从那里不断诞生出一个又一个奇思妙想；而且还因为他曾展现了性爱在人生中至关重要的作用。超现实主义者大多依靠着弗洛伊德的理论来歌颂爱情的力量，这里的爱情指的就是男女之间无拘无束、发之体肤的情爱。"这段通俗易懂的话语出自J. 舒斯特的口中，他是最后几位赋予超现实主义生气的成员之一。1967年在古巴，召开了一场探讨超现实主义理论基础的会议，舒斯特明确地在会议上指出：在意识形态和文化上，超现实主义运动在精神分析学之父那里可谓"债务累累"，对于全欧洲的知识分子来说，弗洛伊德是一个真正的里程碑式的人物。

西格蒙德·弗洛伊德（1856—1939）是一名奥地利籍的犹太医生。1900年，随着《梦的解析》一书的出版，弗洛伊德成为欧洲家喻户晓的人物。这本书记录了他透过梦境展开的自我分析，同时还诠释了思想上的自由联系。1905年到1939年，弗洛伊德发表了许多部作品，其中就有那本极为重要的《精神分析引论》（1916—1917），这些作品渐渐地搭建起了精神分析学的理论基础。这一理论的架构引发了国际上医生和科学家的强烈兴趣，他们转而把自己研究的中心转移到个体的精神生活上——每个个体不再被理所应当地看作自己的主人，个体也未必能掌控自身的意志、欲望和冲动，相反，每个个体其实在与自身"桀骜不驯"的潜意识不断周旋。但是这个理论的影响力不仅仅局限在医生和科学家之中，就连艺术家和作家也都为之着迷。尤其是超现实主义者，他们曾把弗洛伊德拥护成"灵感之父"，然而弗洛伊德本人却对当代艺术没有丝毫兴趣，所以他一直对那些超现实主义者颇有成见。

当他的朋友——作家斯蒂芬·茨威格在信中提议他和达利见一面的时候，弗洛伊德其实是这样回应的："事实上，直

西格蒙德·弗洛伊德的肖像（1937）
菲格拉斯，加拉-萨尔瓦多·达利基金会

梦（1931）

人形橱柜/抽屉之城（1936）
杜赛尔多夫，北莱茵-威斯特
法伦艺术品收藏馆

到现在，我都一直更倾向于把这些超现实主义者当成小丑（至少95%都如此），因为在他们的眼中，我就是他们神圣的守护神。但是这位年轻的西班牙人却让我做出了另一番截然不同的判断，他真诚的眼神中透露着无穷的想象力，他娴熟的绘画技巧也是让人无可挑剔。"似乎达利成功地博得了弗洛伊德些许的好感，这位精神分析学家在1938年终于同意在伦敦见上达利一面。见面之前，达利带上了自己于1937年完成的画作《变形的水仙》，这幅作品直观地展现了著名的"偏执狂批判法"。

在达利的许多画作中，那些人体都被拆分成了无数个半开的抽屉，比如《火焰熊熊的长颈鹿》（约1937）或者《人形橱柜》（1936）。在《人形橱柜》这幅画作中，这个女人好似一个不可拆卸的橱柜，她既没有面容，也没有外界的身份；她的身上只有一个个半空的抽屉，好像随时准备着收纳从潜意识而来的各种离奇影像。其实，只有这位加泰罗尼亚画家的此类作品，才在严格意义上遵循了弗洛伊德的理论。数年后，达利曾亲口说道："古希腊同当今时代唯一的区别就是我们拥有西格蒙德·弗洛伊德。他发现古希腊时期纯粹柏拉图式的人体，当今却布满一个个蕴藏秘密的抽屉，只有通过精神分析的方法才能将其打开。"

疯癫的权利

1939年，第二次世界大战如期而至。在整个战争期间，达利和加拉一同逃往美国避难，直到1948年，他们才回到欧洲。但是对达利而言，这却是一次非常愉快的逃亡经历，因为他的大名早已在美国家喻户晓。再加上达利那古灵精怪的思想、讽意满满的煽动性作品以及他自身世俗、轻浮的生活态度，无不在"单纯"的美国民众之间掀起了一场以达利为中心的风暴。正如先前预料的那样，达利对于当时的美国社会产生了极大的吸引力，而且当时的美国早已步入了消费和时尚的时代。

事实上，位于纽约第五大道上的一些邦维特·特勒的大型商店，曾委托达利来为他们布置橱窗，他们给予达利最大的自由，让他完全按照自己的想法实现橱窗的布置。最终，达利完成的作品出乎所有人的意料，他将这个作品命名为《白天与黑夜》。

在这个作品中，达利利用了许多老旧的蜡质假人，其中一具假人浸在一口阿斯特拉坎浴缸里，浴缸里的水眼看就要溢出来。此外，许多假人蜡质的胳膊托起了一面镜子——这面镜子映射着那耳喀索斯的神话；在地板和家具上，都布满了真正的水仙花。橱窗中的那张床上，铺着一张被烧得"满面疮痍"

无尽之谜（约1938）
马德里，索菲娅王后
国家艺术中心博物馆

的黑色床单，床单上散落着假人的头颅和胳膊；本应存在的床腿都变成了水牛的蹄子，床的华盖是一颗黑色的水牛头，水牛的嘴里还叼着一块往下滴血的猪肉。作品一经展出，蜂拥而至的人群就争先恐后地聚在玻璃橱窗前，只为一睹这个令人毛骨悚然的"奇观"。霎时间，整条道路竟被围得水泄不通。

后来，商家决定把这个作品中的主要部分去掉，但是这却引发了达利极度的不满——达利表面上非常镇定地走到了玻璃橱窗里面，随即便掀翻了那口浴缸，把整个玻璃橱窗砸得粉碎，他还朝惊慌逃窜的旁观者不断地扔东西。然而，达利从面目全非的橱窗里出来时马上被警察逮捕并带回警局去了。达利自己曾写道："纵然法官一副疾言厉色的样子……他也难掩我的故事带给他的'喜色'。他判决我因使用'不充分的暴力'而需赔偿七零八碎的玻璃橱窗。然而，他还特意补充到——每位艺术家都有守护自己'作品'到最后一刻的权利。"不论如何，这次经历对于提升达利自身的形象起到了很大的作用，很多人都对达利的举动赞不绝口，因为达利正是通过这种方式捍卫了美国艺术的自主权。

与此同时，达利收到了许多创作

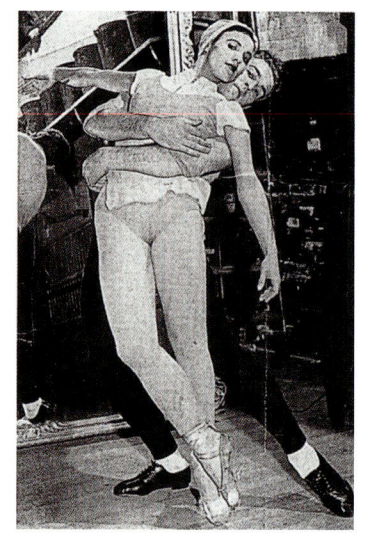

芭蕾舞剧《酒神节》
（1939）
两位主演纳塔丽·克拉索娃和安德烈·伊格雷夫斯基

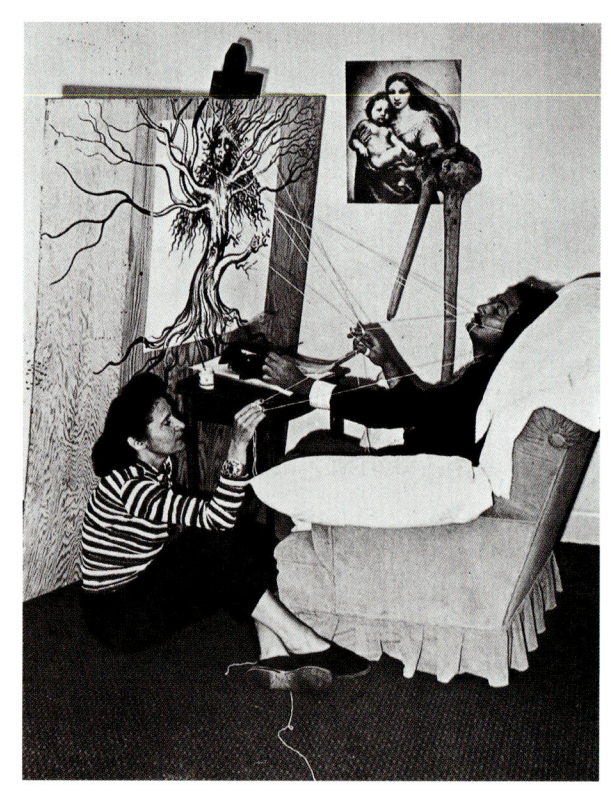

加拉和达利
摄于纽约的圣瑞吉酒店

希特勒之谜（约 1939）
局部
达利遗赠
马德里，索菲娅王后国家艺术中心博物馆

邀请，其中有一份是邀请达利去布置世博会的一个场馆，场馆的主题为"维纳斯之梦"。但是，就算是在那个情形下，达利也没能完完全全地按照自己的意愿去完成这项工作（由于一些特殊原因，人们当时不同意展出达利对于波提切利的著作《维纳斯》的翻制品，更何况，这位维纳斯居然长着一个鱼脑袋）。经历了种种波折之后，达利意识到这些美国人可能更在乎他的名声，以及更钟爱于利用他的名声造势，而未曾想真正地理解、展出他的作品。于是，达利决定发表一篇名为《想象力和人类的疯狂权利的独立宣言》的文章。从那时起，达

利打算为自己的这些权利明码标价，在接受任何的谈话或者采访之前，他都会开出相应的价格。1939年春天，在朱利安·莱维的画廊，举办了一场达利的纽约作品展。展前声势浩大的宣传活动为达利画展的璀璨成功打下了保票，除了《希特勒之谜》（1939）和《无尽之谜》（1938）之外，其他展出的作品均被纷纷买走。很明显，剩下的这两幅作品会引发人们心中某种莫名的尴尬。

同年11月份，达利在纽约大都会歌剧院策划了一出名为《酒神节》的芭蕾舞剧，这台舞蹈由莱奥尼德·马辛编舞，音乐的部分由理查德·瓦格纳负责。

纽约的辉煌

要说达利在纽约最让人耳目一新的地方,那无疑是他为戏剧和芭蕾舞剧设计的众多场景和服装。当时是整个戏剧行业发展非常有利的时期,在欧洲深陷黑暗的年代时,纽约的戏剧界仿佛置身于一个避难所中,它们发掘了一股新的力量,渐渐征服了不一样的观众群体。甚至,就连由谢尔盖·达基列夫创始的著名俄派芭蕾舞团,也在如火如荼地开展着自己的活动,当然诸如乔治·代·奎瓦斯等这些赞助人的资金支持必不可少。奎瓦斯的妻子继承了洛克菲勒家族的一笔庞大资产,所以他不仅能够赞助《酒神节》项目,而且还能给予另一部芭蕾舞剧《迷宫》强大的资金支持。在后一部芭蕾舞剧的制作中,达利不只局限在场景和服装的设计上,还为这部舞剧编写了剧本。达利创作的灵感源于忒修斯和阿里阿德涅的神话故事。在音乐方面,采用了舒伯特的《第七交响曲》,而编舞的工作则交由莱奥尼德·马辛来完成(他也是因为战争而逃亡到纽约的)。1941年10月,这部芭蕾舞剧首次在大都会歌剧院与观众见面,并且即刻便引发了一片热议。

此外,数量众多的超现实主义者也同样"躲"到美国这块风水宝地。当时,佩姬·古根汉在纽约开设了一间名为"本世纪艺术"的现代美术馆,超现实主义者们都把这里看作一处充满艺术生机的避风港,他们就在这儿同美国年轻的艺术家探讨泼洒画(Action Painting)的奥妙。在这些美国艺术家的眼里,行动绘画就是通过身体的动作,以一种无拘无束的方式来表现心灵的能动性。

1940年前后,马克斯·恩斯特、伊夫·唐吉、马塞尔·杜尚和安德烈·布勒东也都来到了纽约。布勒东是唯一一个完全不能适应纽约生活环境的人,因为对他来说用法语以外的语言来写东西实在是难上加难。达利曾回忆道:"布勒东到达纽约的那天,我曾打给他一通电话以表欢迎,同时想跟他约一天见面……我曾跟他提到过对于我们这些计划的一个全新的意识形态平台。我们本可再度发起一场不可思议的大规模运动,它将在某种程度上重新唤醒我们心中超现实主义的信念,让超现实主义彻底地远离辩证唯物主义!但是,就在那天晚上,我从几个朋友的口中得知布勒东还在不断污蔑我,把我视作希特勒分子……从那之后,我们便再也没有见过面……从我没有应布勒东之邀赴约的那一天起,我们之前口中一直谈及的超现实主义,就已经死了。"事实上,正是在那个时期，布勒东才利用达利的名字拼写出了那个极具讽刺意味的外号——美金狂人，这个绰号尖锐地指出达利在美国完成的作品带有极强的商业性。达利对此倒是供认不讳："我的'美金狂人'外号起得还算传神。可能这个外号与一位伟大的诗人格格不入，但是我必须要承认用这个绰号来形容我当时的抱负是十分贴切的。"

在接下来的这段时期内，达利基本上都投身于时尚创意的领域中，他潜心研究各种服装式样，对不同的帽子和衣料情有独钟。所以在那个阶段，除了像《战争之脸》（1940—1941）这幅绝妙的画作之外，很少能在达利笔下看见真正直指人心的作品。达利曾为埃尔萨·斯基亚帕雷利发明了无数新奇的玩意儿（鞋形、炸肉排形和砚台形的帽子，还有由骨架和抽屉组成的衣服）。

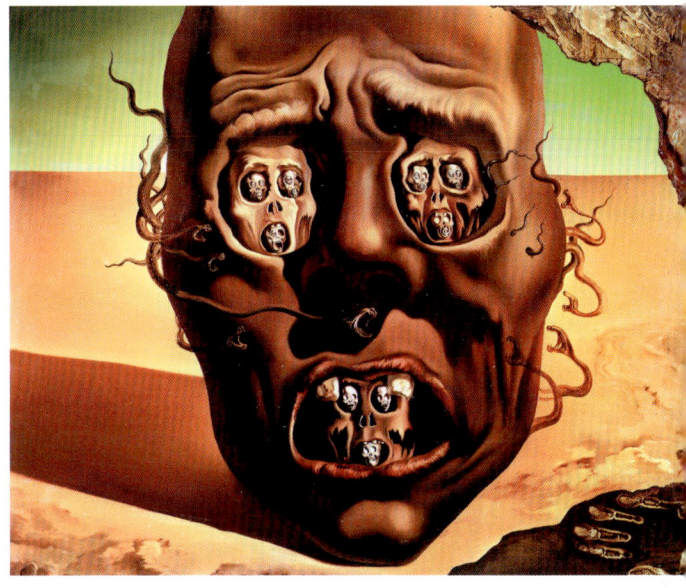

战争之脸（1940）
鹿特丹，博伊曼斯·范伯宁恩美术馆

刺激性欲的外套（1936）

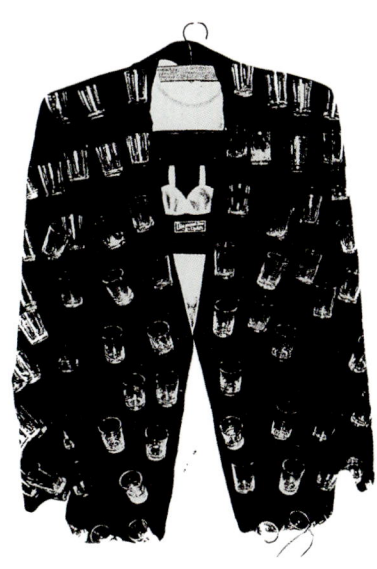

为芭蕾舞剧《酒神节》设计的场景（1939）

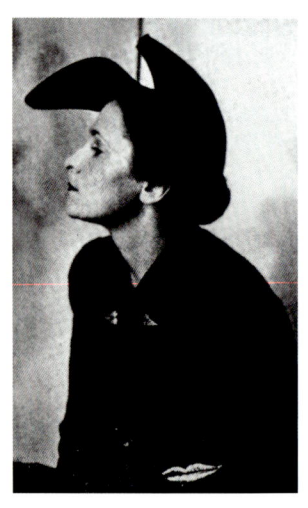

头戴鞋形帽子的加拉（1936）

芭蕾舞剧《疯狂的特里斯坦》（第三幕）背景（1944）
菲格拉斯，加拉—萨尔瓦多·达利基金会

此外，他还与可可·香奈儿合作，一同装饰海伦娜·鲁宾斯坦的府邸和各个商店的橱窗；同时，他还为各种广告设计图案，就连《时尚》(Vogue)、《时尚芭莎》(Harper's Bazar)和《城里城外》(Town and Country)这些杂志上也都曾出现过达利绘制的插图。当时的达利可谓是流行艺术的先锋。

1941年年底，在纽约的现代艺术博物馆举办了一场宏伟的达利旧作展，同期举办的还有胡安·米罗的旧作展览。这次展览使达利此前取得的成功变得愈发耀眼，同时展览的成功也推动达利自传的完成——这本自传仿佛是达利对自己成功的庆祝。1942年，纽约的戴尔出版公司出版了《萨尔瓦多·达利的秘密生活》这本书。在这本自传中，艺术家达利述说着自己的回忆，虽然字里行间不乏狡猾、调皮，却也透露着难能可贵的真诚与坦率。

其实，达利到美国的第一年就完成了这

疯狂的特里斯坦（1944）
菲格拉斯，加拉－萨尔瓦多·达利基金会

美国诗篇——宇宙的运动员（1943）

菲格拉斯，加拉-萨尔瓦多·达利基金会

胜利的旋风（1944—1945）
慕尼黑，国家现代艺术博物馆

铀矿的田园（1945）
马德里，索菲娅王后国家艺术中心博物馆

本自传的大部分内容，当时达利经常到他的朋友，同时也是赞助人的菲尔普斯·雅各布家里拜访。作家亨利·米勒和他的情人阿娜伊斯·宁也是雅各布家里的常客。当时米勒正为他的那本小说《南回归线》忙得不可开交，而他的情人却在第三册《阿娜伊斯·宁日记》（1939—1944）中以并不友好的语气描述了达利和加拉的到来。

在欧洲战乱的这几年里，国际艺术市场的发展也渐渐放慢了脚步，达利和许多其他的艺术家一样，或多或少地面临着资金短缺的困扰。然而，这些烦恼随着一段友谊的缔结，便很快就迎刃而解——1943年，达利结识了商人雷诺斯·墨尔斯和他的妻子埃莉诺，这对夫妇十分热爱达利的作品，从那时起，他们就开始收藏这位艺术家的作品。正是有这些藏品作为基础，才诞生了位于佛罗里达州圣彼得斯堡的萨尔瓦多·达利博物馆。与此同时，这对夫妇也让达利更安心地从事他的创作活动。事实上，正是在那个时期，达利的笔下涌现出了许多震撼人心的作品，比如《美国诗篇》（画于加利福尼亚州蒙特雷）。这幅作品也会被诠释成对美国内部种族争斗的谴责；在画面中，那个可口可乐的瓶子里塞满了只知贪图享乐的白人（这是可口可乐第一次出现在一幅画作中），而背对着画面的男人代表着数万名非裔的黑人，他的一举一动都传达着挥之不去的痛苦。

也是在这几年，达利又带着以往的朝气重新投入到了戏剧的艺术活动中。1944年，他为《中国女孩咖啡厅》设计了舞台的场景，这台芭蕾舞剧的情节出自加西亚·洛尔卡之手；达利还给《感伤的对话》创作了许多舞台道具，这部作品源于保尔·魏尔伦的一首诗歌，作品中扣人心弦的音乐均为作家保罗·鲍尔斯的杰作。

同年，还有一出芭蕾舞剧登上了纽约国际剧院的舞台。这部作品名为《疯狂的特里

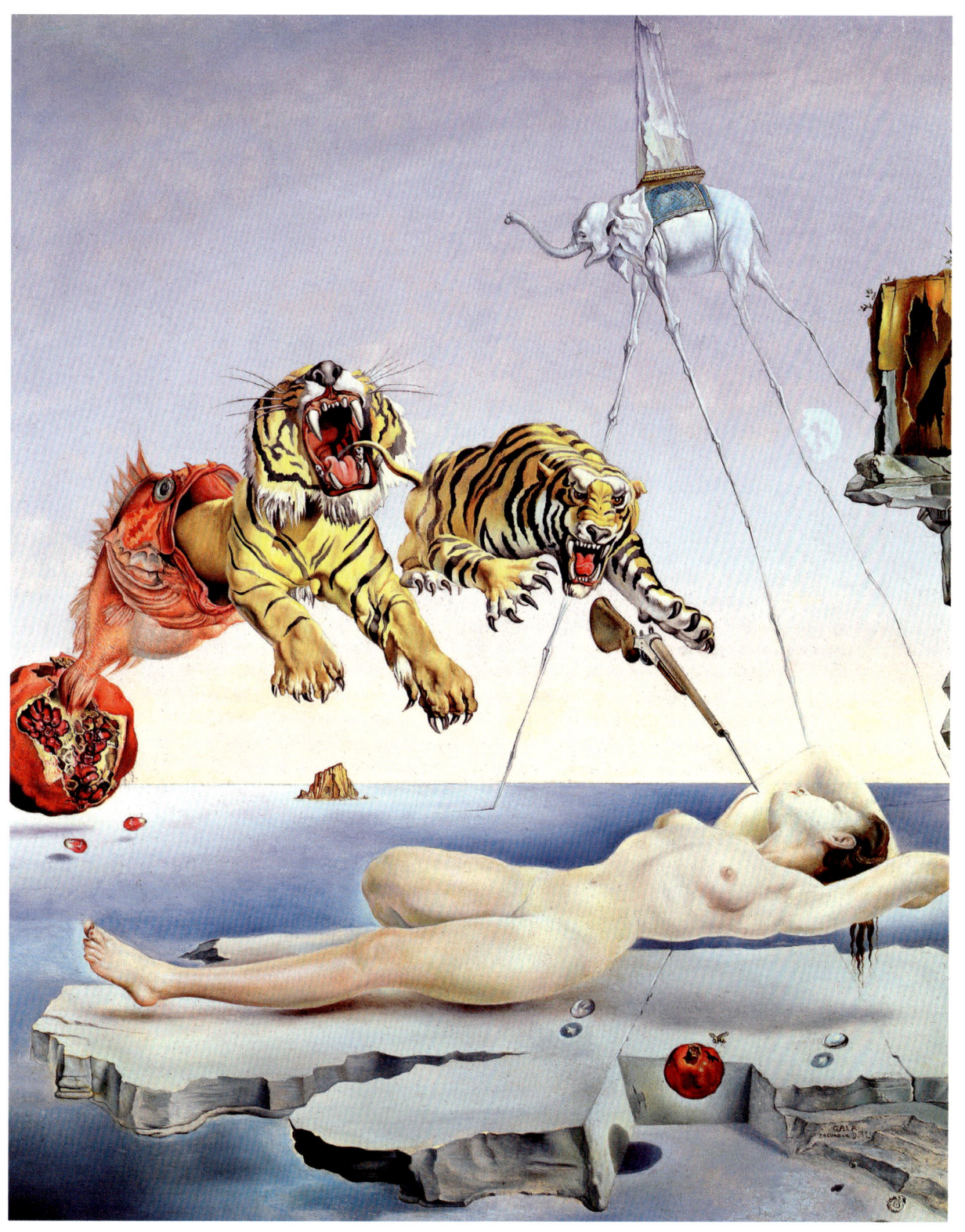

由飞舞的蜜蜂引起的梦（1944）
马德里，提森－博内米萨博物馆

圣安东尼的诱惑（1946）
布鲁塞尔，比利时皇家美术博物馆

斯坦》，从剧本到服装都由达利亲自设计；但是，事实上，这台芭蕾舞剧只不过是《酒神节》的翻版而已，早在第二次世界大战之前《酒神节》就已然被创作完成。

1946年，达利又重回电影圈，他在好莱坞再次同阿尔弗雷德·希区柯克和沃尔特·迪士尼展开了合作。然而就在不久之前，一桩震惊历史和科学的重大事件从天而降——1945年8月6日和8月9日，在日本广岛和长崎这两座城市的上空，两枚原子弹瞬间爆炸；顷刻间，无数条生命血肉横飞，整座城市化作一片火海，这场生命的浩劫是人类历史上永远抹不去的伤痕。随着蘑菇云的升起，这场接近尾声的战火冲突终于在一片哀号声中结束了。此事一出，达利的心中便翻腾起了久久难平的波涛，而且这场悲剧刺激着他50年代所有的研究，达利将这种研究称为"核神秘主义"，也就是将科学和"原子学"的知识同变幻莫测的心灵结合在一起。

这种核神秘主义的风格首次体现在一幅名为《圣安东尼的诱惑》（1946）的画作中，这幅作品的灵感取自于西方画作中一位非常典型的圣人形象。但实际上，作品的主题是由一位叫伯特·莱文的电影制片人选定的。他当时举办了一个比赛，想要选出一幅画作来制作电影中一幕彩色的场景，电影的内容取材于莫泊桑的小说《漂亮朋友》。

当时，一共有十一位艺术家参加了这个比赛，其中包括利奥诺拉·卡林顿、达利、保罗·德尔沃、

多萝西娅·坦宁和最终的获胜者马克斯·恩斯特。在达利的这幅画里,隐居的圣人身处茫茫的沙漠之中,他面前的那匹马和一头头大象暗示着朝他不断逼近的诱惑。这只勃然大怒的马匹正是淫欲和权力的化身,那群身姿"妩媚"的大象背上,驮着一个个情爱的标志物,有的宛若赤裸的女人,有的看似埃及的方尖碑(但与男性的生殖器也有几分相似)。这两种动物的腿部被拉得又细又长,这倒是能让它们在一个悬浮的空间中蹒跚踱步。这个空间的维度介于大地与天空之间,夹在现实与心灵之间。

在纽约最后的这些日子里,达利还完成了另一幅耐人寻味的作品——《由飞舞的蜜蜂引起的梦》(1944)。画面中,不乏许多隐喻梦境的符号,一个尚未醒来的女人正慢慢地飘浮到半空中。种种迹象都表明达利对弗洛伊德和精神分析学始终都抱有浓厚的兴趣。

菲利普·哈尔斯曼与达利——最佳拍档

从非常年轻的时候起，摄像技术和它内在的美学理念就一直深深地吸引着达利。照片对于达利来说就好像一纸纸文书，记录着他在历史舞台上接连不断的"演出"。但实际上，达利并不想做端着相机拍照的那个人，相反，他更愿意成为镜头里的主角。然而，他却时常要按照自己的意思或者计划来"搭建"照片中的世界。所以归根结底，达利拍摄的相片主要都是用来增加自己的名气，进而渲染他本人的神话色彩，他自己也曾把照片称为"最完美的艺术作品"。不计其数的摄像师都曾与达利接触过并且和他一同在纽约工作过，其中包括曼·雷、埃里克·施尔和塞西尔·比顿。1944年，达利在好莱坞邂逅了菲利普·哈尔斯曼（1906—1979），只有他们两人之间才擦出了非同凡响的火花，之后两人便一同展开了一连串既专业又富有艺术性的合作。从他们之间的第一次谈话就能看出来这两个人无论是在思想上，还是在美学观点上都一拍即合——哈尔斯曼当时对达利说："您曾写道您有过在子宫内生活的记忆。我很乐意把它拍下来，照片中应该有一枚鸡蛋，鸡蛋内部蜷缩着一个胚胎。""好主意！"达利回答道，"但是要拍这张照片的话，我需要一丝不挂才行。""当然！"哈尔斯曼继续说道，"您想现在就脱衣服吗？""今天还是算了……下个礼拜天吧。"这次谈话就在达利的这句回答中结束了。

哈尔斯曼似乎总能准确地抓住这位加泰罗尼亚大师的艺术想法，在达利的世界里，他还担任着另一个至关重要的角色——揭示出摄影领域中潜在的超现实主义。换句话说，照相机的镜头不仅仅可以记录下现实，而且还能像绘画中那样改变现实，创造出一派新的景象。

在达利和哈尔斯曼的合作下，诞生了一个举世闻名的作品——《原子的达利》。这张照片中的所有元素（画架前的达利、

系列之一：宇宙式达利（1948）
菲利普·哈尔斯曼协助达利拍摄

三只猫、一把椅子、一股水流和一幅油画）全都飞在半空中，仿佛悬停在一个超现实的空间里。这张精彩的画面颇具幻想的色彩，它不仅是观念和思想的产物，而且也源于实际操作中对于许多技术性手法的应用。

在他们共同拍摄的无数张照片中，有一个系列的作品可谓名声大噪。这套作品就是《达利的胡子》，照片中的主人公自然就是达利的小胡子。哈尔斯曼准确无误地理解了达利的艺术创想，他尽力解决所有在技术上出现的困难，为的就是让最终呈现出来的结果尽可能地符合达利最初的想法。哈尔斯曼还解释了为什么达利会对摄像这种手法如此着迷的原因："诚然，达利的照片里尽是些稀奇古怪的玩意儿，但其背后真正的缘由还是与他那夸张的超现实主义思想密不可分。他也想以最微小的动作带给大家惊喜和触动。他无穷无尽的超现实主义创造力只能在自己的画作中得到部分宣泄。纵观达利的作品，其中最富于超现实主义色彩的就是他自身的人格，甚至只是拼写出'萨尔瓦多·达利'这个名字，就要比他任何的画作都具有超现实主义的代表性。"

系列之一：原子的达利（1948）
菲利普·哈尔斯曼协助达利拍摄

系列之一：蛋中的达利（1942）
菲利普·哈尔斯曼协助达利拍摄

原子的勒达（1949）
局部
菲格拉斯,加拉－萨尔瓦多·达利基金会

1949—1962 神秘年代

从精神分析学到核物理学

1948年，身在美国的达利发表了一篇名为《成为画家的五十个奥秘》的文章，文中透露了许多绘画技艺上的"秘密"，这些绘画奥秘要么出自文艺复兴时期的画作，要么源于从14世纪起纷至沓来的绘画艺术手册。在那之后，达利和加拉决定告别生活了八年之久的美国，同所有战争期间来美国遮风避雨的艺术家们一样，重新回到欧洲的故土上。他们返欧之后的第一站就是意大利——在那个时期，达利对于传统艺术的研究尤为着迷，意欲重寻传统艺术的踪迹。1948年11月底，在位于罗马的方尖碑画廊里，达利举办了在意大利这块土地上的第一次个人展览。此外，当时达利还为两部重要的戏剧作品亲自设计服装和场景，而且这两部作品均出自两位导演大师之手——一部是由卢奇诺·维斯孔蒂执导的莎翁著作《皆大欢喜》；另一部是由理查德·施特劳斯作词作曲的歌剧《莎乐美》，它的导演是彼得·布鲁克。

抛开这些独具匠心的艺术作品不谈，确定绘画中新的方向对达利而言尤为迫切。对于这崭新的艺术风格，达利想要选取古典和天主教的元素作为画面的主体，而且意图透过具象化的科学观念来诠释这些元素。《圣安东尼的诱惑》这部创作于纽约的画作就是达利对这种风格的首次尝试，自此以后，达利就开始对古典画作、原子时代和神秘主义三者迸发出浓厚的兴趣。

正如前文所说，也正如达利亲口所述的那样，这种种观念的交错碰撞其实都源于1945年那场原子弹的爆炸。"在一声声巨响中，我的内心也不由得随之震颤。从那时起，原子就是我思想中的主体物。在那个时期，我绘制的众多场景中都充斥着莫大的恐惧，从我听说原子弹爆炸消息的那一刻起，这种恐惧就

圣安东尼的诱惑（1946）
局部
布鲁塞尔，比利时皇家美术博物馆

始终支配着我。我决定利用'偏执狂批判法'来研究、解读这个世界。我想要了解、熟悉事物中间隐藏着的秘密力量和法则，为的就是有一天能够支配它们。我自身拥有一项才能，它让我手中握着一把与众不同的武器——神秘主义，这能够让我不断逼近现实的核心。说到神秘主义，其实就是一种颇具深度的直觉，是去感知世间万物之间的直接联系，去体会真理之下、上帝之下的绝对视角……在这种强烈的预言中，我明白了形象的表达手法早就一股脑儿地在文艺复兴时期被精雕细琢过了，随后便以绝对完美和真实的样子呈现在世人的眼前。我也恍然大悟：现代绘画的衰落终究还是源于无尽的猜疑和信任的缺失，而这些统统都是机械唯物主义的产物。多亏了西班牙神秘主义的涅槃重生，我，达利，将会把所有物质的精神内涵剖析出来，通过自己的作品来阐释宇宙的同一性。"达利这篇声明自己艺术思想的文章在一片自我庆祝声中画上了句号，但是除此之外，文中也清楚地指出了达利自那以后的艺术研究方向——探索物理和科学的世界，寻找宗教和上帝赋予的灵感，以及重新让古典和文艺复兴的传统元素跃然纸上。

第一幅融合了所谓"核神秘主义"理论的代表作就是于1949年完成的《原子的勒达》。"在无数智慧思想的簇拥下，我决定要为量子理论寻得一个形象的出路；因此，我发明了'量子化的现实'，目的是成为重力的主人。我笔下的《原子的勒达》是对加拉的歌颂，她是我心中的女神，她能够创造出那'浮动的空间'"。在这幅作品中，艺术家尝试着将科学和古典神话这两个主题结合起来，这个神话故事在文艺复兴时期的画作中几乎随处可见：它讲述了众神之父宙斯是如何化作一只天鹅，爱上美丽的勒达并且让她怀孕的故事。

画面之中的每一个元素都悬浮在半空中，它们的样子就好像一个整体四分五裂成碎片，这其实暗指着原子内部引力和斥力的平衡，也传达出构成同一物质众多单个粒子之间引斥平衡的理念。

达利这种全新的绘画方向在评论界引发了轩然大波，超现实主义艺术家对此尤其义愤填膺，而且大家关注的焦点尤其集中在画面中的宗教主体上，达利的著作《利加特港的圣母》就很好地印证了这一点。这幅画作分别于1949年和1950年诞生了两个不同的版本；当达利受到教皇的单独接见时，他便将第一个版本的《利加特港的圣母Ⅰ》赠送给了当时的教皇庇护十二世。

这幅作品的灵感很明显源于皮耶罗·德拉·弗朗切斯卡（1415/1420—1492）笔下的那幅《蒙特费尔特罗祭坛画》（1470—1475）。在这两幅画的背景中，教堂半圆形后殿上都装饰着一枚贝壳，它是永垂不朽的象征；从

原子的勒达（1949）
菲格拉斯，加拉－萨尔瓦多·达利基金会

利加特港的圣母Ⅱ（1950）

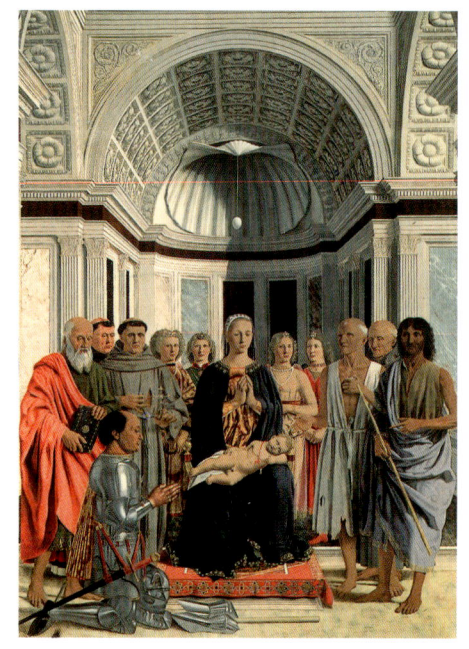

蒙特费尔特罗祭坛画（1470—1475）
皮耶罗·德拉·弗朗切斯卡
米兰，布雷拉美术馆

利加特港的圣母 I（1949）
密尔沃基，马凯特大学，
哈格蒂艺术博物馆

贝壳上，垂下一颗系着细线的鸡蛋，这喻示着母性的光辉，同时也传达出卵形事物的纯洁之意。在达利的那幅油画上，圣母的面容像极了加拉，她悬浮在半空之中，身旁的教堂后殿分裂开来，在她四周环绕着许多颇具象征意义漂浮物。在达利的这幅画作中，原子破碎的思想和黄金分割的理念与神圣又神秘的人物肖像碰撞在一起——科学与宗教本如水火，不可相容；而达利却能够从外形到理念，把这两者交织成一个光彩夺目的整体。

达利曾声称自己是一个支持不可知论的天主教徒，还扬言自己是一个理性的神秘主义者；他的思想长期处于矛盾的状态之中，但是渐渐地在他那东摇西摆的人格中，这些思想上的对立已然找到了一个和谐的平衡点。与此同时，当时的天主教会也开始重新审视自身对于现代科学的立场；1951年，教会正式认可了"大爆炸宇宙论"，这个理论阐释了宇宙源于物质爆炸的原理。但是在此之前，教会一直把这个理论同其他所有自然科学的理论都当成异说，因为这些理论的观点与圣经中世界起源的说法大相径庭。

1951年，达利发表了著作《神秘主义宣言》，他在字里行间透露出了自己对于宗教圣画的看法；与此同时，达利的心中又燃起了新的兴趣，他开始致力于创作那幅绝美的《十字若望的基督》。这幅画作无论是在内容上，还是在精神理念上，都与传统耶稣受难的形象格格不入。画中的耶稣并未露出象征性的痛苦面容，身上也不曾有过其他受难的迹象，比如双手双脚上的伤口、胸口的疮痕或者荆棘皇冠；相反，耶稣的身体十分健壮，而且眉清目秀，仿佛是神秘的化身，亦犹如一场"宇宙之梦"。在这梦境之中，耶稣就仿佛原子中的原子核一般，置身于宇宙唯一的中心，束缚在那无法逃离的三角形中央。整幅画面俯视的构图思路其实是受到了（16世纪）一幅素描的启发，画中捕捉到了圣人十字若望面露喜色的样子。目前，这幅素描保存在阿维拉化身修道院里。在达利的画作中，下部分的海洋风光源于利加特港，而帆船旁边的人物却源于路易·勒南和委拉斯开兹笔下的画作。

1951年，达利还为但丁的《神曲》设计完成了104幅水彩插图画，之后，这些作品纷纷在达利于罗马、威尼斯和米兰举办的一系列展览中与公众见面。达利曾言："在我们现今生活的年代，宗教题材的艺术正在慢慢没落；在这个时候，一批批不信教的天才更应受到推崇，因为在那些虔诚的教徒中永远也看不见天才的身影。"

十字若望的基督（1951）
格拉斯哥，格拉斯哥美术馆

拉斐尔风格的爆炸头（1951）
爱丁堡，苏格兰国家画廊

提到天才，达利一定不会落下伟大的拉斐尔；不久后，他就在罗马再次观摩了拉斐尔的作品，同时，他还前往万神庙一睹拉斐尔的坟墓。1951年，达利便完成了著作《拉斐尔风格的爆炸头》。在这幅迷人的画作中，我们隐隐约约地能辨别出一个圣母的轮廓，这个圣母颇具拉斐尔笔下的风格，但是她的头部却变成了罗马万神庙那举世闻名的穹顶，从穹顶上端的洞口处一缕缕阳光直泻而下。这种如粒子般分解的画面效果好似一场能量大爆炸，在这场爆炸中，整个人物变得四分五裂，一块块碎片摆脱了原有的束缚，它们的样子犹如无数只犀牛的犄角。犀牛角这个引人的元素之后得到了"偏执狂批判法"的理论支撑，这个"货真价实"的理论也应用在了许多达利后续的作品之中。

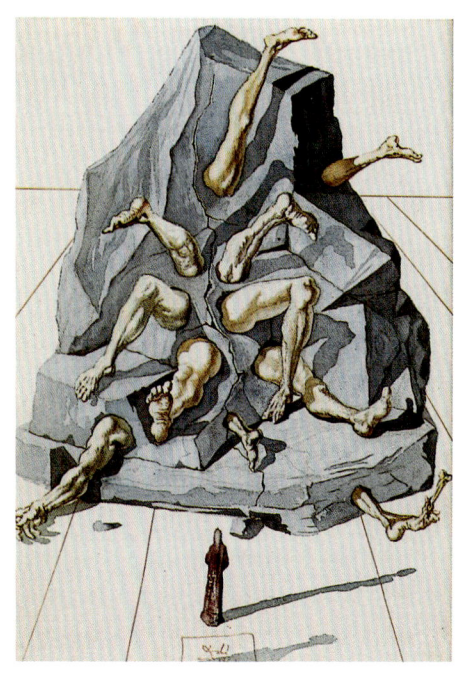

犯买卖圣物罪的人（1951）
为但丁《神曲》设计的插图

耶稣受难 / 十字架（1954）
纽约，大都会艺术博物馆

神秘主义宣言

1951年，罗伯特·J.高德在纽约编辑出版了达利的著作《神秘主义宣言》，这部著作与达利笔下以宗教为题材的作品相关，此类画作均于50年代完成。在《神秘主义宣言》的字里行间，清晰地透露出了这位艺术家正在经历的思想变化："对于一个前超现实主义者来说，在1951年所能发生的最具颠覆性的事件就是他变得愈发神秘，而且还知道如何用画笔将这种神秘表现出来。目前，我就活在这两种能力之下。加泰罗尼亚的土地孕育了三位杰出的天才——《自然神学》的作者雷蒙·德·塞朋德、地中海哥特式风格的引导者高迪和全新偏执狂批判式神秘主义的创始人萨尔瓦多·达利；最后一位正如他名字所写的那样，是现代画作的救世主（'Salvador'在西班牙语中为'救世主'的意思）。达利式的神秘主义宛若一场席卷欧洲的风暴，从本质上讲，它源于我们这个时代某些特殊科学的进步，其中最值得一提的，就是在量子物理学中，竟发现了物质之下隐藏着的玄幻精神。若要追究它更为虚无缥缈的根源，不妨惭愧地重新撕开那些黏糊糊的伤口，这些伤口的周围布满了君主政体的黏液，正是这些黏液才让伤口呈现出如此可憎的形状。"

无论是在行云流水的文章里，还是在大庭广众的会议上，抑或于一幅幅画作的笔墨之间，达利都表露出了他在艺术上的信仰。诚然，这个"核神秘主义"的理论亦如达利其他的艺术观念一样，为达利带来了与众不同的反响。一方面，它让达利切实地感受到自己就是天才的化身，尽管这位才子有时会稍显焦躁，而且令人匪夷所思；另一方面，这个理论却让这位艺术家完全被当时普遍的艺术思想孤立了起来，在主流的艺术观念面前，达利永远处于舆论的风口浪尖上。

很长一段时间里，许多艺术作品都摒弃宗教这一题材，因为这些崭新的艺术流派无论是在思想上，还是在创意上都谋求自己的一方土地。然而达利却力图弥补绘画中的精神维度，他从那时起就把这个维度视为艺术中最为纯洁的存在。但是，这种精神需要合理地束缚在科学的枷锁之下才能发挥作用——这是达利的理论最具创新性的核心。

达利曾说过："要我说，未来新型的画作将会具备我口中'量子化现实主义'的风格，在这些作品中，将会融合物理学家研究的'能量子'、数学家讨论的'可能性'以及我们艺术家追求的'难以丈量之美'。"

《神秘主义宣言》封面（1951）

核子十字架（1952）

古典主义的新面貌

后来，达利逐渐将自己的绘画风格转向形式上愈发纯洁的古典主义，他对于神秘主义的痴狂并没有妨碍他不时地回归世俗，甚至回到充满色情意味的绘画题材中来，为此达利还找到了一个观念上的有力说法："情欲是通往上帝灵魂的必经之地。"

达利的妹妹于1950年在巴塞罗那出版了自己的著作《妹妹眼中的萨尔瓦多·达利》，书中她曾提到达利与父亲的口舌之争，他对神灵的亵渎之举还有他和一个离婚女人的洞房花烛，除此之外，这本书还把达利的许多私生活内容公之于众。达利无法容忍他的妹妹对自己堂而皇之的冒犯，他甚至明令禁止自己的妹妹参加他的葬礼。对此，达利回应道："1930年，我的家庭与我断绝了关系，他们把我逐出家门，没给我留下一分钱。我能有这方方面面的成功，只是倚靠着上帝对我的帮助，凭借着安普尔丹的平原上洒下的阳光，此外还多亏了一位高尚的女性终日如英雄般的牺牲，她就是我的妻子——加拉。"

1955年的12月，达利参加了一场在索邦举行的会议（达利开着一

萨尔瓦多·达利和犀牛（1956）
菲利普·哈尔斯曼摄
纽约

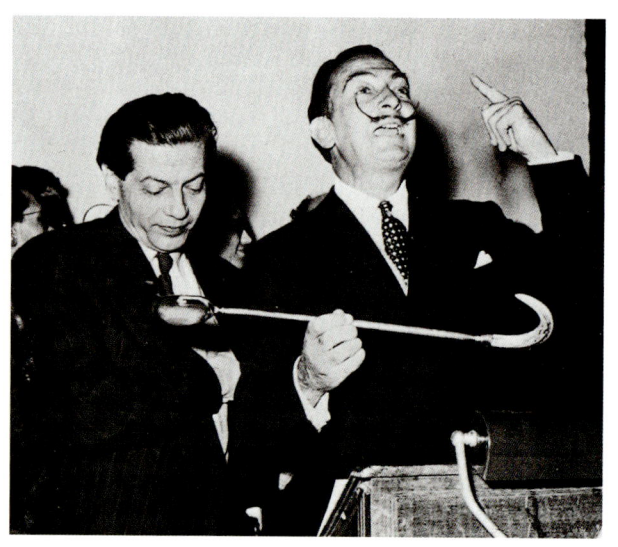

现象学角度下的偏执狂批判法（1955）
萨尔瓦多·达利出席于巴黎索邦举行的会议

辆满载菜花的白色劳斯莱斯前去赴会），会议的主题是"现象学角度下的偏执狂批判法"。在会议上，达利阐释了镶边工和一只犀牛之间的相似之处；此言一出，现场不少人对达利赞不绝口，但是同时也引发了公众以及众多评论家心中的某种惊愕之情——"糗事百出、煽风点火还有荒谬怪诞统统都是纨绔主义的特征，但达利只为利用这些特点来掀起舆论的浪潮，为此，这种亵渎的行径会专门把一个'真理'教唆成正义"。

随后，达利以一种极其自然的姿态发表着一个个愈发难以理解的谬论，而且还变本加厉地设计一些令人作呕的"表演"来炫耀自己。然而，就是这样的达利却在1955年完成了一幅颇具精神含义的玲珑画作《最后的午餐》；它仿佛是一个立体几何结构体中的神秘化身，而这个几何体恰好悬浮在利加特港的那汪海水之上。这幅画作再次回归宗教主题，再次回归古典风格的人物形象，但是慢慢地，它却演变成了真正的"古典主义"风格。换句话说，它整体的风格明亮而且优雅，在细腻的画面下，蕴藏着对于美学、和谐感和神韵的研究。画面中的线条融合了多种不同的风格，它们起初勾勒出皮耶罗·德拉·弗朗切斯卡笔下精细的几何体，接着搭建出拉斐尔、安尼巴尔·卡拉奇和苏巴朗在构图上理想的和谐感，最后描摹出法国画家让·奥古斯特·多米尼克·安格尔（1780—1867）作品中的那抹纯洁之光。此外，从达利1957年完成的那幅《乌尔比诺公爵——德尔·罗斯·迪·蒙特莱拉伯爵的肖像》中，很明显能看出来他对于《乌尔比诺公爵——费德里科·达·蒙特费尔特罗的肖像》的借鉴；后者于1465年出自皮耶罗·德拉·弗朗切斯卡之手，目前保存在乌菲齐美术馆。这两幅作

理查德三世身上的劳伦斯·奥利弗肖像（1955）

最后的午餐（1955）
华盛顿，国家美术馆

乌尔比诺公爵——费德里科·达·蒙特费尔特罗的肖像（约 1465）
皮耶罗·德拉·弗朗切斯卡
佛罗伦萨，乌菲齐美术馆

乌尔比诺公爵——德尔·罗斯·迪·蒙特莱拉伯爵的肖像（1957）

品有许多共通之处，比如红颜色的衣服和人物肖像的姿势。此外，画中的光源明亮而且清晰，这种用光的手法是典型的弗拉明戈风格；在这一束束明光的渲染下，人物面部的细节和富于张力的神情跃然纸上。这两幅画作众多的相似点也恰恰说明了达利对于古典、传统画作的那种挥之不去的依赖感。

在那些年里，达利春居利加特港，秋迁巴黎，冬赴纽约——四处奔波的艺术家开始广泛地投身于肖像画的创作，委托他作画的人通常是一些富裕的艺术赞助人或者上流社会有头有脸的人物。为了让画作富有典型、几近脱离现实的明快节奏，达利不得不借助照片的力量："我眼中所有伟大的艺术作品统统源于照片。况且，发现放大镜的人和弗米尔于同一年出生……身为一位画家，他应该拥有一双诚实的手，下意识地去更正被照片歪曲的大自然。每位画家都应该饱有超越学术的修养。只有具备这类高超的技艺，我们才能谈其他的东西，即艺术。"

从达利还是一位超现实主义者起，如照片般精确的绘画技巧一直都是他自成一脉的特点；但是达利却总把这个特点应用在一系列难以理喻的无意识画面里。后来的一段时期内，达利逐渐将目光转向时下的立体作品；与此同时，他十分痴迷于现实主义和注重外形的古典主义，达利不仅仅以学术的姿态来感受这种古典主义，可以说，他已然超越了学术的界限，从他的内心衍生出了一种保守主义的观念；他甚至去反对当代画作中所有先锋派和新先锋派的思想。

纵然如此，有时候达利的成果当真震撼人心。其中的一个例子就是他于1960年完成的《裸体加拉的背影》，整幅画的线条非常干净，达利的妻子就这样优雅地呈现在这个纯洁无瑕的画面中。这个作品无论是在外形上，还是在创作理念上都很明显与安格尔的《大浴女》（1808）有着异曲同工之妙，后者描摹的也是一个颇具古典风格的裸体人物形象。

其实，达利已然做好了准备，他将随时跨出绘画的门槛，踏入视觉分析的大门。

吉斯莱·欧特蒙公爵夫人的肖像（1960）

大浴女（1808）
让·奥古斯特·多米尼克·安格尔
巴黎，罗浮宫

裸体加拉的背影（1960）
菲格拉斯，加拉-萨尔瓦多·达利基金会

◀ **致幻斗牛士**（1968—1970）
局部
圣彼得堡（佛罗里达州），萨尔
瓦多·达利博物馆

1963—1989 一代天才的落幕

佩皮尼昂的火车站

1963年恰逢达利于三十年前落笔的著作——《米勒〈晚祷〉中的悲剧神话》的出版；1964年，仅在一年之后，另一部著作《一个天才的日记》也已然付梓，这本自传记录了达利1952年到1963年生活中的点点滴滴。

然而，在达利整体的思想意识里，一些新的萌芽正在破土而出；一个新的发现让达利不得不转过身去，俯首追寻自己的由来。长期以来，达利都活在自己的对立人格之下，他也想为自己那含糊不清的人格理出一个头绪来。在达利的心灵中，理性与幻想的力量针锋相对，无政府主义的呐喊与保守主义的低吟喃喃作响，不可知论的主张与天主教的思想互不相让；这些内心中纠缠不休的矛盾也时常体现在达利的作品之上，使其同时呈现出内外、刚柔这种双向交错的特点。说实话，达利正是在众多纷杂的矛盾体中，寻觅到了自己这种精神上双重性的"罪魁祸首"。这还要从达利已故哥哥的身上讲起：早在达利出生之前，他的哥哥就已然消失在这个世界上了；达利的父母给这个刚出生的男孩起了一个和哥哥一样的名字——萨尔瓦多。在达利的眼中，父母此举是"一桩无意中犯下的罪行，但有一件事无非更是罪上加罪。我父母的房间是一个迷人而又神秘的地方，但同时也是一块可怕的禁忌之地，总能挑起我心中矛盾复杂的感情，因为就在那幅委拉斯开兹十字架画的翻制品旁，摆放着一张张我已故哥哥的伟大照片……我认为我在对自己的生活有所思，有所想之前就已早早死去了……我敬爱的精神病医生皮耶·胡莫格禾曾笃定地告诉我，由于我生而带有死人不洁的身份，所以我的身体不曾给予我真实活着的感觉，它不过是一具正在腐烂的尸体，一摊正在被蠕虫吞

晚祷（1857—1859）
局部
让·弗朗索瓦·米勒
巴黎，奥赛博物馆

噬的烂肉。"

事实上，达利思想的双重性贯穿着他所有的理论和艺术作品；后来，他还把这种二元思想与自己同加拉的"结合"联系起来。然而，随着昭然若揭的精神秘密，达利在后续的艺术创作中变得愈发笃定，他开始有意识地去面对自打出生就烙印在身上的命运，他之前所有的行为也都因此获得了一个掷地有声的解释。1963年，达利笔下的《死去哥哥的肖像》就恰恰诞生于他当时的思考。达利心中的万千思绪都在善与恶、生与死、物质的引力与斥力这一对对矛盾之中淋漓尽致地展现在这幅画面之上。

也许这幅作品就是为了在数个微小的矛盾体中呈现出哥哥那变幻莫测的面容，他仿佛一幅全息影像，映衬在一道如画的风景之中；在这背景里，还隐约可见两位米勒《晚祷》中的"鬼魂"。

达利钻研的领域集中在物质内部的精神上与核神秘主义上，而且自那以后，他越发投身于视觉分析这项科学研究之中。在达利涉猎的研究领域里，所有研究的中心都是玄幻视角下的佩皮尼昂火车站。佩皮尼昂火车站只不过是菲格拉斯附近一处普通的火车站，但是达利却在这座火车站的内部看见了与众不同的三维场景，他还赋予了这些场景特殊的象征意义和价值。不得不说，一座平淡无奇的火车站对于达利来说却犹如整个宇宙的中心，亦如他那癫狂思想的中心。"1964年11月17日是绵延至今的绘画史中最幸福、最让人心安的时刻。达利，这位来自菲格拉斯的

死去哥哥的肖像（1963）

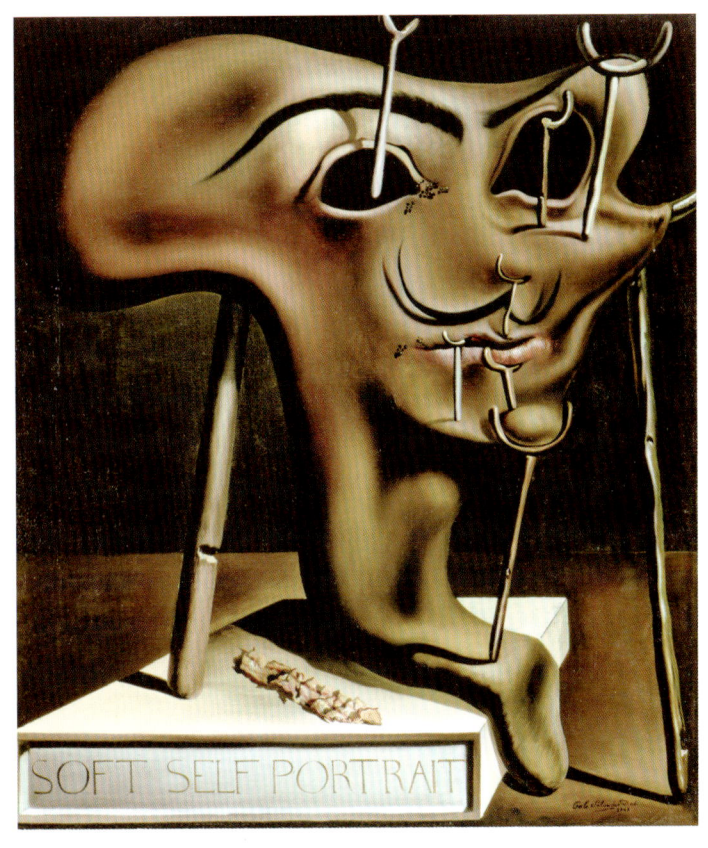

柔软的自画像与烤培根（1941）
菲格拉斯，加拉-萨尔瓦多基金会

艺术家，不远千里地来到了距离自己家乡57千米的佩皮尼昂站。他站在这座位于代尔夫特1223千米外的火车站中央，用行动公布一个重大的发现——他透过三维立体的视角在一幅成品油画的表面勾勒出了一道道细致入微的曲线，这些曲线的绘制依然是采用油画的技艺来实现的，而且线条的分布走向完全来源于达利脑海中的印象。一条条曲线呈现出抛物面镜头的形状，好似苍蝇的眼睛；换个角度来说，这种效果简直就是利用叠印的手法把弗米尔笔下的眼睛放置在列文虎克发明的显微镜下。借此，达利让斑驳的色彩产生了立体的视觉效果。"

但是事实上，在这幅于1965年完成的《佩皮尼昂火车站》里，未曾有过达利后续作品中出现的那种立体效果。

这幅画作中运用的视觉分析并非依靠外凸的理念，而是建立在画面的纵深效果之上，而这个效果的出发点就是整幅画面中心的人物；他的样子和达利一模一样，他张开四肢，仿佛要坠落到深渊中一般。从这个浑身金光的小人身后，射出了四道光芒，组成了一个马耳他十字架，这枚十字架奋力地阻止着其他身形巨大的人物靠近，并把他们全部悬停在这个空间之中。

在画面的左右两侧，米勒《晚祷》中那两位让达利如痴如醉的人物又浮现了出来。

佩皮尼昂火车站（1965）
科隆，路德维希博物馆

相应地，这两个人物分别置身于两幅不同的场景中，而这两个场景恰恰源于达利通过"偏执狂批判法"对于《晚祷》的解读：左侧，农妇正在帮助她的丈夫把一大袋子土豆搬上手推车；而另一侧，两人正在享受期待已久的性爱之欢。在画面的中央，隐约可见一个被钉上十字架的耶稣，耶稣的头上还佩戴着荆棘的冠冕；在救世主的上方，出现了一个代表着现实的火车头，这也是整幅画作创意的出发点。在画面下方的另一辆手推车前，浮现出了一个女性形象，她便是缩小版的加拉；她背对着我们，望向利加特港海天交接的那道水平线。

《佩皮尼昂火车站》这幅画作称得上是达利到当时为止所有思想的真正集合体，其中出现了所有达利经过反复推敲的臆想元素，比如《晚祷》中那对不可或缺的夫妇、利加特港的风景、挚爱的加拉、耶稣、飘浮的理念以及一股明显的生死气息。对于这种颇具幻想色彩的灵感，达利解释道："在佩皮尼昂的火车站里，我刹那间感觉到自己仿佛置身于混沌的宇宙之中，眼前的一切都是宇宙原原本本的模样。"

达利还赋予了这个地方一个关键的象征意义——它代表着达利渴望回到最初的起点，想再亲眼看一看他生命中熟

加拉肖像／背光的加拉（1965）
马德里，索菲娅王后国家艺术中心博物馆

悉亦如神话般的地方，奢求再一次感受人生中最为纯洁的时刻。正是因为这些过去的时光，才诞生出了达利一个个惊天动地的超现实主义和神秘主义作品。

在艺术研究的道路上，达利从未停下自己的脚步，也从未改弦易辙。其间，在达利的众多作品中都反复出现了加拉的身影，这对于达利来说具有里程碑式的意义。1965年，达利依然在为加拉作画，这幅画名为《加拉肖像／背光的加拉》。

一个天才的人生

达利的第一部自传《萨尔瓦多·达利的秘密生活》于1942年正式出版,在那之后,达利将第二部自传毫不避讳地命名为《一个天才的日记》。达利早于1952年5月就已经开始提笔创作这第二部自传,但其间他曾不得不多次将其搁置一旁,最后于1963年9月才将其完成。但是尽管如此,作品的行文之间依然清晰地透露着自夸的意味,文字的风格依旧是那么荒谬而且充满挑衅的口气。如此种种,其实都从侧面反映着达利那稀奇古怪的性格和矛盾对立的人格。其实,达利创作的这部自传,自然也是为了献给他人生中的伴侣——那位如圣人般"不可一世"的女英雄("我把这本书献给我心中的天才——加拉;她是加拉·格拉迪沃,是特洛伊战争中的海伦,是圣人海伦纳还是加拉·伽拉忒亚·普拉西提阿")。其中,达利穿插了许多他生活中的奇闻轶事,他也很细致地述说了自己人生中经历的风风雨雨;文中描述了达利身为超现实主义者的那段时光,一字一句地解释了他脑中复杂迷乱的狂妄幻想、时常恶言相向的行为和嘴中一个个晦涩难懂的新词。当然,在这部自传中也不乏许多严肃甚至感人肺腑的内容。举个例子来说,达利花了很大的篇幅来述说他青年时期的朋友加西亚·洛尔卡的死亡。除此之外,书中还有许多颇具批判色彩的章节,在这些针砭时弊的字眼中,蕴藏着达利丰富的艺术观念和人生哲学。本部自传开篇的序言就很"淘气"地暗示读者去思考是不是万物当中存在着一个躁动不安,而且或许喜欢冷嘲热讽的灵魂——如果用达利的话来说,即艺术上唯一真正的"天才":"自从法国大革命以来,就产生了一种极其愚蠢的时髦风气,谁都可以把天才们的作品撇在一边,随心所欲地把他们想象成或多或少与凡夫俗子相似的人。这全然是胡说八道。若是对我这个当今精神性最多姿多彩的天才和真正的当代天才而言,这是胡说八道;若是对代表文艺复兴顶峰的奇才们而言,更是三倍的胡说八道。在这些天才中,拉斐尔可说是神圣的天才。本书旨在证明,天才的日常生活,他的睡眠与消化,他的迷醉、指甲与感冒、他的生与死等,都与其他人有根本的区别。所以,这本独特的书乃是天才撰写的第一部日记。不仅如此,独特的机会使之与加拉结婚的也是这个天才,而加拉是我们时代独特的神奇女子。"

《一个天才的日记》封面(1965)

向"消防队员"致敬

在这个时期,达利沉浸在对人生意义的思考当中,他曾不止一次地扪心自问艺术的真正含义。达利的艺术之所以日趋成熟,是因为它融合了世界上两种不可或缺的元素——精神和科学。陷入沉思中的达利也未曾放下自己对于传统画作进一步的考究,因为这些绵延亘古的作品是唯一一股能与全新艺术潮流抗衡的势力。新生代的艺术流派与传统画派截然不同,它们把作品中应用的技法放在第一位,创作的理念和构想却居于次位(比如未成形艺术、行动艺术、波普艺术和奥普艺术,等等)。事实上,达

自画像(1889)
欧内斯特·梅松尼尔
巴黎,奥赛博物馆

向梅松尼尔致敬(1965)
菲格拉斯,加拉-萨尔瓦多·达利基金会

▶**捕金枪鱼/金枪渔网**（1966—1967）
局部
邦多勒，保乐力加基金会

利把五六十年代完成的艺术作品统统称为"慵懒的杰作"，因为它们并不符合这些特定技术手法下所应呈现出来的艺术模样。

正因如此，达利在《一个天才的日记》中有一段专门写给当代艺术家的话："如果你们拒绝学习人体解剖学，对艺术中的素描技法和透视原理嗤之以鼻，对美学和颜色学这两门科学置若罔闻，那你们就不能怪别人说你们是一群懒蛋，而对'天才'这个词只字不提。"

此番犀利的言辞一出，便很快在所有新先锋主义的流派中掀起了长达数年的文化争论。达利的言辞教训了他们，他很快被贴上墨守成规的保守主义标签，而且这也是达利公开地推翻自己在超现实主义早时提出的创新观念。然而这次，回归传统并不是意味着要去重拾文艺复兴时期的纯洁画风，也不代表着要重新投入安格尔的古典主义的怀抱里，而是要以另一个视角重新去看待19世纪末期的一种浮夸、学院风格的画作。这个画派尤其推行古典主义的各项准则，其中的艺术家被称为"消防队员"，它的代表人物有法国的欧内斯特·梅松尼尔和爱德华·德太耶以及西班牙的马里亚诺·福图尼·马萨尔。

在那些年，学院风格的艺术并不被看好，甚至还被称作典型的"保守艺术"，即使是这样，达利也是第一批对学院艺术另

捕金枪鱼/金枪渔网
草图（1966—1967）

眼相待的艺术家。

因为学院派画作带有浓厚的资产阶级色彩，不但内容空洞，还显得非常浮夸。然而达利却对画中的那些美学元素赞不绝口。在抽象流派占据半壁江山的时代，学院派中推崇的那些元素几乎变成了"异类"（所谓"异类"，就指一种极其精准的现实主义风格、对于细节精致入微的刻画、历史抑或神话的创作题材以及让人叹为观止的作品尺寸）。

1966年到1970年，达利完成了两幅宏伟的作品（规格大约为3m×4m）——《捕金枪鱼》和《致幻斗牛士》。正是这两幅画作"总结"并直观表现了达利当时的理论主张。

为了完成《捕金枪鱼》这幅巨型画作，达利整整历时两个夏天（1966年和1967年的夏天），他曾说道："这是我笔下最富有野心的一幅画作，因为它还有一幅相应的作品《向梅松尼尔致敬》。"画面中绘制的那个"传奇"物件其实是受到达利父亲的启发，他曾给达利展示过"一张瑞士艺术家的邮票，这位艺术家也是学院运动的参与者，邮

捕金枪鱼/金枪渔网（1966—1967）邦多勒，保乐力加基金会

致幻斗牛士（1968—1970）
圣彼得堡（佛罗里达州），萨尔瓦多·达利博物馆

致幻斗牛士
（1968—1970）
局部（面庞）
圣彼得堡（佛罗里达州），
萨尔瓦多·达利博物馆

票上恰好绘制着一个用于捕获金枪鱼的渔网图案"。当达利还是一位少年的时候，他就曾在原来的家中见过学院派风格的作品，但是在几十年之后，他却采用自己那前卫的科学知识来阐释这些画作。在《捕金枪鱼》这件作品中，捕鱼网的网格非常紧凑，它象征着一个有边际的宇宙。这个绘画理念依托的是皮埃尔·泰亚尔·德·夏尔丹提出的学术理论，近来的科学发现也证实了这个理论的真实性："这便是本幅作品中那令人胆寒的力量来源！所有这些海鱼，所有这些金枪鱼还有这些磨刀霍霍的人们都是有限宇宙的化身；此外，由于达利的世界恰好位于这张渔网编织出的有限空间中央，所以那里便富有无穷无尽的超美学力量。"

这幅画作在大家的眼中是一件登峰造极的艺术作品，其中凝聚了达利40年来对于人物表现的研究成果。无论是刻意为之，还是无心之举，达利都成功地在这张巨大的画布上融合了多股流派，呈现出了一个非同凡响的艺术效果。谈到流派，画中不乏超现实主义、学院派和点彩画派的身影，而且就连泼洒艺术、几何抽象、波普艺术、奥普艺术以及幻觉艺术也都齐聚一堂。同样的事情也发生在另一幅巨作《致幻斗

致幻斗牛士（1968—1970）
局部（公牛头部）
圣彼得堡（佛罗里达州），萨尔瓦多·达利博物馆

牛士》上，它于 1968 年到 1970 年间完成。在这幅画作里，达利又重新展现出妄想疾患眼中那带有二重性的画面，只不过这次他却利用科学和三维的视角来将这些场景表现出来。

在这个亦真亦幻的斗牛场里，年岁尚浅的达利眼前突然幻化出一连串米洛维纳斯的叠影，这些爱神的周围环绕着加泰罗尼亚的海水和礁石。无数颗五彩缤纷的微粒和成群结队的苍蝇，组成了一位斗牛士的剪影。前景中两位"维纳斯"身上各不相同的褶裥，刚好成为斗牛士的行头——衬衫、领带还有肩上的披风，透过她们的身躯依稀可见那位斗牛士面部的轮廓。如若将目光移向画面左侧的礁石，便可在隐约间窥探到一副公牛的嘴脸；这头牛被击翻在地，无数根长钩深深地刺入它的身体。达利的绘画风格虽然表面上融入了行为艺术的色彩，看起来愈发随心所欲，但其本质上依然保持着精准的特点，而且整幅画面的绘制必定有所考究。在达利的艺术中，科学与玄学交相辉映，传统理念与视觉分析的手法相互融合；这一切的一切都是为了创作出绝对新颖、绝对"货真价实"的作品。达利的艺术结晶绝不会和任何一个特

定的艺术流派"同流合污",他的作品始终具有那种得天独厚的天生优势。60年代到70年代,达利获得的最为引人注目的成果,就是他绘制的那些"立体"画作。这些画作所采用的手法,是透过三维立体式的思维来观察一件绘画作品。详细来说,就是通过双眼视觉来记录下眼中两个不同画面叠加所形成的图像。通俗地来讲,这就是一种光学上的小把戏,很早就应用在一种古典画作之中了;在那些作品的画面中,运动或者深度的概念都显得非常含糊不清。美国当代的奥普艺术一直着眼于视觉和运动学的研究,达利却根据形象的传统艺术,直截了当地为他们提供了答案。其实,从15世纪起,画家们就一直在找寻着超越画作中二维平面图像的方法,他们使用了一些机械和光学仪器,试图让画面中的现实感更加"真实"。在对于画面中现实性的研究上,达利也同样怀着无尽的好奇心,不断地探索着。

沙发与绘制的景色（约1974）
右侧有一扇带来视错觉效果的门（约1972）
位于加拉的布波尔的城堡

加拉·达利

在达利人生最后的时光里,他也一刻不曾停歇,仍然继续着艺术上的研究,与此同时,他还从事着其他有助于精进自身艺术水平,传播艺术理念的活动。在此期间,达利与加拉的关系愈发升温,渐渐到了密不可分的地步。当时的加拉依旧为她丈夫的经济来源日夜操劳——她时常出入各大画廊,与多位收藏家来往密切;同时,她还经常主动在公众面前抛头露脸,或者出现在电视的银屏上。

1961年,达利在威尼斯的凤凰剧院呈现了著名芭蕾舞剧《加拉的芭蕾》的原始版本。这台芭蕾舞的剧本完全由达利谱写,此外,他还精心设计了舞台的场景和人物的服装,而编舞则是由伟大的莫里斯·贝嘉来完成的。

此外,1962年年底,达利决定出版一本书,这本书中包含着达利到当时为止最为真实、最有深度的自我剖析。在达利和他那些年的挚友罗伯特·德尚的共同编辑下,这本书最终于巴黎和洛桑与世人见面了,它的名字非常具有代表性——《加拉的达利》。后来,这本书在人群中引发了非常强烈的反响,甚至被翻拍成了一部电影。

因为早期哥哥的夭折,达利的精神之中渐渐萌发出双重思想,这种思想还体现在他对加拉的爱恋上——达利把加拉称为他的"影子",他的"守护神",甚至把她当作自己的"孪生兄弟"。他曾说:"我画作上的签名均为'加拉·达利'这个简称,因为我想将一个名字同一个现存的事实对应起来。如果没有我的'亲兄弟'加拉,那么我也将不复存在。"在艺术家的眼中,

加拉在布波尔的城堡(1972)

布波尔的景色

布波尔城堡的入口和达利的天花板（1972）

达利和加拉就如同狄奥斯库洛伊兄弟的神话中卡斯涛尔和波鲁克斯的化身，亦如勒达同宙斯孕育的那对"神圣"的双胞胎。由此可见，如果以"神话"的奇幻视角来评判，达利和加拉其实早在出生之前就已然注定会心心相印，永不分离。1972年前后，达利甚至送给他人生的伴侣一座位于布波尔的城堡，城堡的内部由达利亲自装饰设计；1983年，当时的国王胡安·卡洛斯一世还封达利为布波尔侯爵。然而，早在1982年的6月，87岁高龄的加拉与世长辞——挚爱的离去让达利堕入了无尽的绝望之中，他终日将自己关在布波尔的城堡里，久久不曾离去。

第三、第四维度

1972年到1973年，一幅《立体镜绘画中的达利和加拉》（可能是半成品）进入了公众的视线中。在其创作的过程中，艺术家巧妙地运用了两个元素：一个是他心中那位具有"双重身份"的女性，另一个是一面映射出他们二人面容的镜子；其目的就是营造出一个真正具有超级写实主义色彩的幻觉效果。为了达成这一点，达利仿照着立体主义画作的创作手法，让右眼中呈现出的图像同左眼中的图像穿插叠加，最终形成一幅唯一的三维立体画面。此外，作品中对于镜子这个元素的运用堪称一绝——因为镜子本身就可以生出幻象，让图像的数量翻上一番，所以它才能让我们看见这张画布"之外"的现实。

早在15世纪，镜子就已然应用在艺术创作之中。艺术家们意图利用这种手法来让画面拥有一种几乎可以触摸到的感觉，但同时也为这些映像真实、客观的存在打上一个问号。当时，弗拉门戈画家扬·凡·艾克就曾在他的著作《阿尔诺菲尼夫妇》（1434）中，加入了一个曲面镜。

在这个镜子中，反射出了两位画面之外的旁观者，其中的一位很可能就是画家艾克本人。后来，到了巴洛克时期，无数幅《镜前的维纳斯》抢占着世人的眼球，它们其实是一种颇具讽刺含义的虚空画（*Vanitas*）。当时，西班牙画家委拉斯开兹也在他举世闻名的画作《宫女》中，颇具匠心地创作出了一幅几乎不可能的画面——《宫女》中的这些人物正在把目光投向一幅画作，而我们所处的视角恰好是那幅画中人物的视角，而他们真正的样子却映射在后面的一面镜子之中。

达利透过立体主义的视角，赋予了镜面一个极为贴切的艺术价值——增生

立体绘画镜中的达利和加拉（1972—1973）
菲格拉斯，加拉-萨尔瓦多·达利基金会

画面。在我们的眼中，这些画面几乎如同真实的场景一般，而我们也仿佛置身于那种"绘画空间"之中；不得不说，画家创作的过程堪称天衣无缝。

在达利的一本书中（《不朽的十种食谱》，1973），他曾狂热地探讨过永生不死的可能性，他也曾提到："双眼视觉其实就是三一神论超验的物理认知。圣父为右眼，圣子为左眼，圣灵则为大脑；这是一个奇迹，经历了无数条火舌的舔舐，一幅浑身通红的画面摇曳着自己的身躯，化为一个神圣而不可侵犯的纯洁灵体。"

在一种特殊的拍照设备（源于达利的朋友马克·拉克鲁瓦，他是一名摄影师）和许多独特科学仪器（比如惠斯通发明的立体镜和菲涅尔研究的透镜）的帮助下，达利成功地创作出了一幅幅引人入胜而又变幻莫测的画面。达利十分看重这些成果，他赋予了这些画面极高的精神和神学价值。在他的眼中，这是对于物质和现实世界的一个飞跃。此外，这些画面之中还蕴藏着一个极为关键的意义，它象征着达利那些年来一直汲汲渴求的愿望——永生不死。"立体主义的学说让一个个几何体'名正言顺'地在历史上流传，因为正是它才让我们

阿尔诺菲尼夫妇（1434）
扬·凡·艾克
伦敦，国家美术馆

腓力四世一家 / 宫女（1656）
迭戈·罗德里格斯·德席尔瓦·委拉斯开兹
局部
马德里，普拉多博物馆

加拉的耶稣 / 立体主义中的右边和左边的元素（1978）

看清了事物的第三重维度。其实，这种立体思想亦能囊括下整个宇宙——在一个宏伟、纯洁而且规则的框架中，浩瀚的宇宙必将永垂不朽"。

1976年，达利完成了一幅名为《加拉沉思地中海，它在20米开外变成亚伯拉罕·林肯的肖像 / 向罗斯科致敬》的作品。画中，达利添加了一张林肯的数字化肖像，而这张肖像原本出自美国控制论的研究员利昂·D. 哈蒙的手中。美国总统那幅庞大的面孔浮现在画面中裸背加拉之外的区域里，但是要想捕捉到这尊面容就必须聚精会神地盯住一个点，绝对不能将目光分散到画面中的其他部分上。如果稍微后退几步来观察这幅作品，便会出现一个类似视觉陷阱的幻觉效果——远远望去，加拉仿佛正面朝着一个十字形的缺口，这还当真犹如一扇打开的窗户呢。

渐渐地，达利愈发不满足于单张画布上的二维世界，而决定继续

哀悼基督（1982）

菲格拉斯，加拉－萨尔瓦多·达利基金会

他对于三维理论的探索和研究。他除了尝试在多张立体画布上作画以外，还在全息摄影和浅浮雕上寻找三维立体的可能性。最终，达利将他的注意力转向了真真正正的圆雕。

在研究雕塑的过程中，达利感受到自己身体与手中的原料产生了愈发深刻的联系，这与以往的经验大不相同。这种联系不只是表面上用这些材料塑造作品而已，而是真正触摸到作品内部三维立体的灵魂。从技术层面来说，达利先是从一团团柔软的蜡或者白垩土的混合物开始；随后，他便会发挥自己的想象力，塑造出千姿百态的模型；最后，达利会利用铸铜的工艺把这些软绵绵的模型打造成硬邦邦的成品（尺寸有时也很庞大）。

事实上，达利的画作《白色老鹰，新阿姆斯特丹》（*Aquila bianca, Nieuwe Amsterdam*，1974）绘制于一尊锈迹斑斑的半身铜像（查理斯·施里博赫尔的作品）上。这个作品带有非常丰富的视错觉效果——其中隐藏着两位身着十七世纪风格衣服、头戴羽毛帽的荷兰人；他们的身后是一座食堂，身前散落着许多"静物"，两人的手中同时握着一瓶可口可乐。

白色老鹰，新阿姆斯特丹（1974）
圣彼得堡（佛罗里达州），萨尔瓦多·达利博物馆

作品传达的意思非常明确。其实，它与一桩历史事件有着千丝万缕的联系，那就是从本土部落的手中夺取、征服美国这片土地；这尊青铜的雕像恰恰代表着波尼族印第安人的首领——白色老鹰。正如达利自己所描述的那样，这个雕像在偏执狂批判法下改头换面了。

那些年，达利创作的许多其他雕塑作品其实都是受到他本人画作的启发，画面中描摹过的符号、传达过的执念又重新给予他在雕塑艺

加拉沉思地中海,它在20米开外变成亚伯拉罕·林肯的肖像／向罗斯科致敬(1976)

燃烧的女人（1980）
铜像

爱丽丝（1977—1984）
铜像

术上的灵感。这些雕塑作品包括《记忆的永恒》（1980）中的软钟、《空间大象》（1980）、《燃烧的女人》（1980），以及那尊惟妙惟肖的《爱丽丝》（1977—1984），那位永葆青春的小女孩正欢快地玩着跳绳游戏。此时此刻，"爱丽丝"正以一尊雕塑的形式呈现在世人面前，她的双手和头发都化成一簇簇艳丽的玫瑰。此前达利曾以她为原型创作出一系列的石版画，作为1968年出版的《爱丽丝漫游仙境》中的插图；也曾于1935年为保尔·艾吕雅的诗作《共同的夜晚》设计了两幅以她为主题的版画。

70年代到80年代间，不知疲

惫的达利仍然继续地忙碌着，只为让自己"流芳百世"——他利用各种宣传手段让自己反复出现在公众的视线里，并且时常在世界上那些最具影响力的博物馆里举办一场又一场恢宏气派的旧作展览；此外，他还设计了许多商务用品、价值连城的珠宝、护身符和金牌，甚至他还推出了一款名为"达利"的香水。

1971年3月，位于克利夫兰的达利博物馆举行了盛大的开馆仪式，馆中的很多展品都源自雷诺斯·墨尔斯和埃莉诺夫妇的收藏（1982年，这对夫妇将他们的收藏带到了美国的佛罗里达州）。1972年，著名的达利戏剧博物馆也在菲格拉斯正式面向公众开放。1978年，年迈的达利获得了两项重要的荣誉——一个是伊莎贝拉一世那枚巨大的十字架，这代表着全西班牙至高无上的光荣；另外，达利还被任命为巴黎法兰西艺术院的驻外代表。1980年，达利在巴黎的蓬皮杜中心举办了一场规模宏大的重要旧作展览（展出的作品均为1920年至1980年间创作），随后这个展览还巡展到的泰特美术馆。达利落笔于人生中最后的几幅画作之时，已经将至杖朝之年；纵然这些尾作的灵感全部源于艺术史上流传千古的绝妙作品（比如米开朗琪罗、拉斐尔和委拉斯开兹的作品），但是达利在创作、诠释的过程中却显得有些吃力，他的风格变得有些粗糙，画面中原有的那种精确

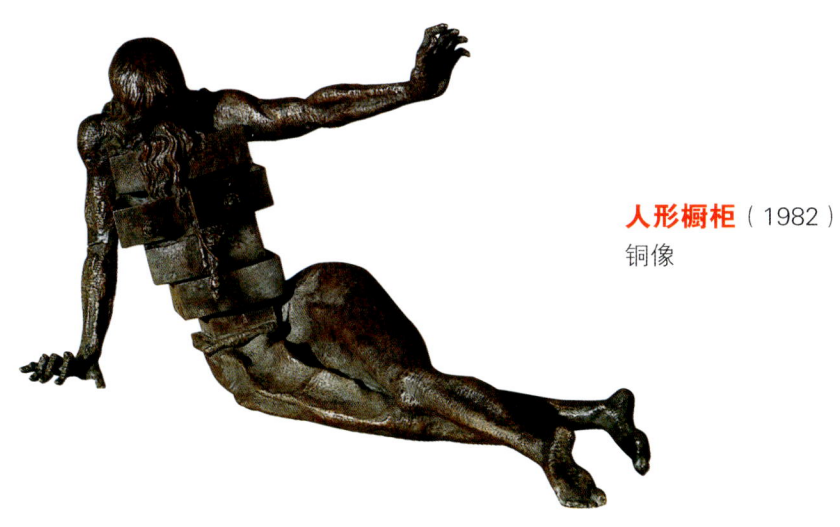

人形橱柜（1982）
铜像

1963—1989　一代天才的落幕

度不复存在,而且愈发显得有些随意。到了1983年,当那幅《床和床头柜猛烈地攻击一个大提琴》出现在公众面前的时候,人们几乎已然认不出这位艺术大师的手笔了。

在达利人生中最后汲取的知识里,有些学说依然叩击着他的思想,比如数学家勒内·托姆提出的突变理论。在这个理论中提及了时空之中的第四重维度,而这一概念让达利着迷不已。但是,对于达利来说,真正突然的变故发生在1982年的6月10日;他的挚爱,加拉,永远地离他而去了。精神上受到严重打击的达利一度试图以脱水的方式来结束自己的生命。而且与此同时,他疯狂地钻入生物学的牛角尖,妄图让自己永生不死。1984年,一场大火吞噬了达利布

床和床头柜猛烈地攻击一个大提琴(1983)
全图和局部
马德里,索菲娅王后国家艺术中心博物馆

波尔的城堡。在那之后，达利就搬到自己在菲格拉斯这座小镇上的博物馆里，在那里，达利度过了人生中最后的时光。1989年1月23日，因心力衰竭，达利于博物馆的卡拉之塔上溘然长逝。

达利于1983年完成了他人生中的最后一幅作品《燕子的尾巴》。在这幅绝唱中，一个个符号搭建起了整幅画面，其中还含有许多高深莫测的笔迹。在我们眼中，种种这些元素好似一个颇具讽刺意味的签名；这个签名的书写者一直沉浸在对于自身的剖析之中，将自己的一生都献给了艺术："本作之终，若君已赴，将为一死；此乃天纵奇才之命运也。"

西斯廷礼拜堂中的亚当（1982）
菲格拉斯，加拉－萨尔瓦多·达利基金会

受米开朗琪罗笔下的"朱利亚诺·德·美第奇"启发而创作的头像（1982）
菲格拉斯，加拉－萨尔瓦多·达利基金会

受米开朗琪罗笔下的"朱利亚诺·德·美第奇"启发而创作的头像（1982）
菲格拉斯，加拉－萨尔瓦多·达利基金会

燕子的尾巴（1983）

菲格拉斯的戏剧博物馆

从60年代起,达利就一直计划筹建一座属于自己的博物馆,一座只展出他本人作品的博物馆。他把位置选定在自己出生的那座城市——菲格拉斯。这是加泰罗尼亚的一座小镇,如今,整座小镇基本上都依靠旅游业过活;镇上宏伟的达利戏剧博物馆与马德里的普拉多博物馆和毕尔巴鄂古根海姆博物馆并称为全西班牙最受欢迎的三大博物馆。

(在政府的资助下)博物馆的馆址选定在一片废墟之上,那里原先屹立着菲格拉斯的市立剧院,达利还曾于1918年在那个剧院里举办了人生中的第一次展览,只不过它早在西班牙内战的炮火下分崩离析。在博物馆建造和装修的过程中,达利亲自参与每项工作;达利还把这项工程交到一位被他称为"建筑天才"的人手中,他就是埃米利欧·佩雷斯·毕内罗。也是这位西班牙的建筑师为达利实现了那个美轮美奂的网状穹顶,这个透明的穹顶就端庄地"坐"在博物馆中央大厅的上方。1974年9月23日,当画家已满七十高龄的时候,达利戏剧博物馆剪彩开馆。

庞大的达利戏剧博物馆在一座山丘上拔地而起,它的位置刚好处于城镇的

菲格拉斯达利戏剧博物馆的庭院

1963—1989 一代天才的落幕

中央地区。除了那个华丽的穹顶，博物馆正面那横向延伸的外墙也立刻成为它标志性的符号；在这些长墙上，装饰着一颗颗硕大的鸡蛋。在博物馆的一角上，矗立着卡拉之塔。达利在这里度过了生命里最后的时光，如今这里是整个博物馆的行政办公区，还会售卖一些相关的图书影音。博物馆的正门坐落在一个小广场上，达利想以此广场来纪念两位加泰罗尼亚的哲学家——弗兰塞斯克·普霍斯和拉蒙·柳利。在这个广场上，有一座小教堂刚好面朝着博物馆的正门，这个教堂就是达利出生时接受洗礼的地方。从整体来看，这座博物馆应该被视为一件超现实主义的艺术作品，这里仿佛因一种思想、一场梦境而变得神圣。这座博物馆里，布满了达利人生的轨迹，摆放着他的艺术品和日用品，留存着他对于自己崇拜的其他艺术家的敬意——种种这些让这座博物馆变成了一部"活生生的人物自传"。走进博物馆的内部，很容易变得晕头转向。馆内的结构就如同一个复杂的迷宫，一个个小房间星罗棋布，但是穿过狭长的走廊，便会在眼前迎来馆中那些最大的展厅。置身于这些宽大

梅·韦斯特的照片
达利将其作为那间"人脸厅"创作的参照

梅·韦斯特的脸，超现实主义的房间（1934—1935）
芝加哥，芝加哥艺术协会

的房间，就如同穿梭到不可思议的迪士尼乐园中一样，眼前不断闪过一只又一只跃动的"精灵"——恢宏的壁画（位于穹顶下面的展厅中；芭蕾舞剧《迷宫》就曾把这些壁画当作巨大的舞台背景），无数幅达利年轻时期的油画、立体画作、超现实主义物品以及诸如梅松尼尔等其他艺术家的作品应有尽有；除此之外，还有数以万计的装饰品、刻奇艺术作品、奇形怪状的家具和雕塑。要是你往这些雕塑的身体里丢几枚硬币，它们还会左摇右摆，改变自己的模样。馆中还有两件惊艳的展品，让人看过之后久久难以忘怀。

一件是梅·韦斯特厅，另一件就是中央庭院中的那辆黑色凯迪拉克。有人曾认为它原本是阿尔·卡彭的爱车，但是其实不然；这是达利于1938年完成的杰作《多雨的出租车》，当时，他是为了参加在巴黎举行的国际超现实主义博览会而设计创作了这个作品。在《超现实主义历史》（Storia del surrealismo）一书中，马塞尔·吉恩曾描述了他在蓬皮杜中心看见这辆"出租车"的情景："这是一台破旧的老式汽车，在其内部装有一个可以自由控制的水管系统。一旦启动，一阵'瓢泼大雨'便会淋湿座位上的那对假人。这两个假人一个是长着鲨鱼头的司机；另一个是一位金发碧眼的美女，她坐在后座上，散乱着头发，身着一套晚礼服。他们就这样开着这辆破旧的出租车在一条泥泞的小道上艰难地行驶，道上淤泥里混着剩菜叶，出租车的轮胎下还碾压着无数条巨型的蜗蝓。"在布置博物馆的时候，达利还在这个凯迪拉克的车头上摆放了一尊巨大的青铜雕像——《以斯帖女王》（La regina Ester），这曾是艺术家恩斯特·福克斯赠予达利的礼物。在那间超现实主义的厅堂里，美国女演员梅·韦斯特的面庞不仅三维立体地呈现在参观者的面前，而且各方面的尺寸也显得非常协调自然。它其实是由那张家喻户晓的红唇沙发、鼻子形状的烟囱和两幅透露着好莱坞巨星双眼的画作组成的；早在1934年到1935年间，达利就构想出了一个类似的拼贴作品，而眼前的这个作品正是对于当时那个思想的完美再现。其实，只要站在高处，利用镜片就可以清晰地认出那位金发碧眼的梅·韦斯特。

也许，这里之所以成为世界上独一无二的博物馆，是因为萦绕其中的氛围。单单在这座博物馆里漫步就能感受到这种气氛——无论年龄还是国家，这里所有人的脸上都洋溢着对于艺术的热情；他们带着自己的好奇心，兴高采烈地来到这里，就是为了见证一个符号，一种思想。这种思想源自一位为艺术癫狂的天才，他的气息弥漫在所有的展厅之中；而他却已然变成了一具不朽的躯体，静静地躺在那间简朴的地下室里。在那座达利想要利用自己的传奇人生来使其至圣至明的庙宇里，在他艺术生涯开始的地方，在见证达利新生第一声哭声的教堂附近，达利选择了死亡；他曾在这里生活过，他曾在这里骄傲地留下了他在生与死之间生活的痕迹。

梅·韦斯特厅（1972—1973）
菲格拉斯，加拉－萨尔瓦多·达利基金会

年　表

达利生平大事记	年份	历史同期大事记
5月11日，达利在西班牙的菲格拉斯出生。	1904	毕加索居住于巴黎的"洗濯船"；高迪在巴塞罗那装修改造巴特略之家；弗洛伊德出版了著作《日常生活的精神病理学》。
达利的部分作品于市立剧院展出，各大评论开始对他产生好奇心。	1918	克林姆特、席勒和德彪西逝世；马雅可夫斯基创作《宗教滑稽剧》（*Mistero buffo*）；普朗克因量子理论获诺贝尔物理学奖。
2月份，达利的母亲去世；10月份，达利入学马德里的皇家圣费尔南多美术学院，在那里他结识了诗人费德里科·加西亚·洛尔卡和导演路易斯·布努埃尔。	1921	爱因斯坦荣获诺贝尔物理学奖；谢尔盖·达基列夫设计了一种吉卜赛舞蹈《夸德罗舞》（*Balletto Cuadro*）；希特勒的"冲锋队"首次蠢蠢欲动；第一本加西亚·洛尔卡诗篇的集合《诗集》（*Libro de Poemas*）出版。
达利和加西亚·洛尔卡一同在卡达克斯度过了夏日的时光；11月份，在巴塞罗那的达尔莫画廊举办了达利的首次个人展。	1925	在皮埃尔画廊举办了首次超现实主义展览；谢尔盖·爱森斯坦导演拍摄了电影《战舰波将金号》；查理·卓别林自导自演了《淘金记》；史丹·罗路和奥利弗·哈迪首次登台演出。
达利首赴巴黎，结识毕加索；马德里美术学院将达利开除。	1926	高迪逝世；导演弗里茨·朗执导了《大都会》；鲁道夫·瓦伦蒂诺逝世；裕仁成为日本的天皇。
达利完成著作《圣塞巴斯蒂安》（*San Sebastiá*），同时不断精进自己的客观美学思想；为加西亚·洛尔卡谱写的戏剧《玛莉亚娜·比内达》设计场景。	1927	拍摄电影《拿破仑》的导演阿贝尔·冈斯与世长辞。
达利同路易斯·蒙坦亚和塞巴斯蒂安·加希一起撰写了《黄色宣言》。	1928	布勒东完成著作《超现实主义和绘画》（*Il surrealismo e la pittura*）；莫里斯·拉威尔创作《博莱罗》；贝托尔特·布莱希特编写《三文钱的歌剧》这部音乐剧。
达利和布努埃尔一同编写了电影《一条安达鲁狗》，并在巴黎开机拍摄；在巴黎期间通过胡安·米罗认识卓斯坦·查拉、安德列·布勒东、保尔·艾吕雅及其妻子加拉；同年，达利加入了超现实主义群体。	1929	华尔街股市崩盘；托洛茨基被驱逐出苏联；纽约现代艺术博物馆开馆；加西亚·洛尔卡奔赴美国。
达利和布努埃尔共同拍摄完成《黄金时代》；提出"偏执狂批判法"；完成《腐烂的驴》和《看得见的女人》的创作；在这一年中，达利大部分的时光都同加拉在利加特港度过。	1930	法国开始构筑马其诺防线；马雅可夫斯基自杀身亡；冥王星被发现。

达利和布勒东一同发明了"富含象征意义的超现实主义物品"。	1931	民主党夺得了西班牙选举的胜利。
达利为他的著作《巴巴奥》（Babaouo）编写了电影剧本，但却始终未能制成电影；结识了精神分析学大师雅各·马利·艾弥尔·拉冈。	1932	在政府的要求下，加西亚·洛尔卡组建了名为"拉巴卡"（La Barraca）的剧团，这个剧团用于在整个西班牙传播古典艺术。
达利在《人身牛头怪》这本杂志上发表文章——《现代风格建筑的惊人和可食之美》。	1933	德国的纳粹党赢得了大选；希特勒成为政党领袖；德国国立包豪斯学校宣布关闭；加西亚·洛尔卡的著作《血婚》落笔完成。
因画作《威廉·泰尔之谜》，达利与超现实主义艺术家发生了第一次冲突；在纽约，达利于儒利安·莱维的画廊举办了个人展览，莱维为艺术家后来的成功做出了很大的贡献。	1934	发生"长刀之夜"事件——刺杀希特勒失败；皮兰德娄获诺贝尔文学奖；亨利·米勒完成小说《北回归线》。
因为对希特勒的一番言论，达利被超现实主义运动的成员集体声讨；同年，达利与以布勒东为首的超现实主义团体决裂。	1936	西班牙内战打响；加西亚·洛尔卡创立了"反法西斯知识分子联盟"；同年8月洛卡尔被枪杀。
达利于好莱坞结识了哈波·马克斯，还为他编写了一个剧本；达利利用"偏执狂批判法"于夏天完成了画作《变形的水仙》，并撰写了一本同名的书籍。	1937	格尔尼卡镇遭到轰炸，为此，毕加索绘制了著名的画作《格尔尼卡》；德国的艺术不断衰落；国际世博会于巴黎开幕；让·雷诺阿导演作品《大幻影》。
达利参加了在巴黎和阿姆斯特丹举办的超现实主义国际博览会；结识弗洛伊德。	1938	德国侵占奥地利；意大利颁布有关种族主义的法律；让·保罗·萨特完成小说《恶心》的撰写；在卡内基音乐厅举办了史上第一场爵士音乐会。
布勒东将达利称为"美金狂人"，达利与他彻底决裂；11月芭蕾舞剧《酒神节》在纽约大都会歌剧院上演，编剧和场景设计都由达利亲手操办，编舞的工作交由雷旺尼德·马斯纳负责。	1939	以弗朗西斯科·佛朗哥为首的党派夺得西班牙内战的胜利，佛朗哥成为西班牙的领袖；德国入侵波兰，第二次世界大战就此打响；弗洛伊德在伦敦逝世；弗莱明的著作《飘》问世。
一直到1948年，达利和加拉始终居住在纽约；达利为各类商店设计了各具风格的玻璃橱窗；达利开始从事时尚工作——他为埃尔萨·斯基亚帕雷利设计了一顶鞋形的帽子。	1940	纳粹武装攻占法国；保罗·克利逝世；费尔南·莱热、皮特·科内利斯·蒙德里安和超现实主义艺术家纷纷逃往美国；卓别林的喜剧《大独裁者》首映。
达利和米罗双双在纽约现代艺术博物馆举办展览。	1941	美国加入战争；罗伯特·德劳内和詹姆斯·乔伊斯溘然长逝。

续表

《萨尔瓦多·达利的秘密生活》在美国出版。	1942	斯大林格勒战役爆发；佩姬·古根汉在纽约设立了一间名为"本世纪艺术"的美术馆。
达利为阿尔弗雷德·希区柯克导演的电影《意乱情迷》设计其中的几幕场景。	1946	纽伦堡审判；卢齐欧·封塔纳发表《白宣言》（*Manifiesto blanco*）。
达利在美国发表文章《成为画家的五十个奥秘》。	1948至1953	"眼镜蛇运动"诞生。
达利和加拉重返欧洲；达利为彼得·布鲁克和卢奇诺·维斯孔蒂设计了众多风格迥异的电影场景。		北大西洋公约组织成立；中华人民共和国和爱尔兰共和国宣布成立。
达利完成《神秘主义宣言》；达利开始展开对于粒子的研究，进入"核神秘主义"时期。		艾瑟尔·格林格拉斯·罗森堡因间谍罪在美国被判处死刑。
达利在罗马和威尼斯数度举办展览。		由伊戈尔·费奥多罗维奇·斯特拉文斯基和让·谷克多改编的歌剧《俄狄浦斯王》上映。
达利出席于索邦举办的会议，会议的主题为《现象学角度下的偏执狂批判法》。		签订《美西协定》（*Accordo Spagna-Usa*）——确保佛朗哥政权脱离战后的孤立；普罗科菲耶夫逝世；脱氧核糖核酸（DNA）被发现。
达利与罗伯特·德尚共同导演电影《镶边工和犀牛的惊人历史》。	1954	亨利·马蒂斯逝世；阿尔普、恩斯特和米罗在威尼斯双年展上获奖。
达利在华盛顿国家艺术馆举办展览。	1956	杰克逊·波洛克和贝托尔特·布莱希特逝世。
《加拉的芭蕾》在威尼斯首演，达利为这部芭蕾舞剧写剧本，设计场景，莫里斯·贝嘉为其编舞。	1961	柏林墙竣工；海明威自杀。
《一个天才的日记》问世。	1964	罗伯特·劳森伯格赢得威尼斯双年展的绘画大奖。
位于克利夫兰的萨尔瓦多·达利博物馆隆重开馆，其中的大部分展品均为雷诺斯·墨尔斯和埃莉诺这对夫妇的收藏，之后他们将这些收藏带到了美国的佛罗里达州。	1971	中国恢复联合国合法席位；斯特拉文斯基和路易斯·阿姆斯特朗逝世；斯坦利·库布里克和卢奇诺·维斯孔蒂分别拍摄了《发条橙》和《魂断威尼斯》这两部电影。
达利成为巴黎法兰西艺术学院的成员；于纽约佩姬·古根汉的画廊举办了他笔下超立体主义画作的展览。	1978	胡安·卡洛斯一世在新西班牙宪法上签字；《戴维营协议》签订。

续表

达利在巴黎的蓬皮杜艺术中心举办了一场气势恢宏的旧作展览,展览后来迁到伦敦的泰特美术馆。	1979	伊朗伊斯兰革命爆发,鲁霍拉·穆萨维·霍梅尼重回伊朗;苏联攻打阿富汗。
6月10日加拉逝世;达利荣获西班牙国王胡安·卡洛斯一世授予的头衔——布波尔侯爵,这个称呼与达利赠予加拉的那座城堡交相呼应。	1982	西班牙加入北大西洋公约组织;西班牙迎来了内战之后首个由社会党执政的政府,其领袖为费利佩·冈萨雷斯。
达利先后在马德里和巴塞罗那出版了重要的作品集;在5月份达利完成了人生中的最后一幅画作《燕子的尾巴》。	1983	莱赫·瓦文萨荣获诺贝尔和平奖。
在布波尔城堡,达利的卧室里爆发了一场火灾,这场大火让达利浑身被严重烧伤。	1984	英迪拉·甘地遇刺身亡。
1月23日达利与世长辞,他的遗体安葬在菲格拉斯达利戏剧博物馆的地下室中。	1989	柏林墙倒塌;尼古拉·齐奥塞斯库被执行枪决。

收藏地名索引

萨尔瓦多·达利的艺术作品出现在各大博物馆里,至于具体保存在哪个国家的哪个博物馆里,其实不仅与达利人生的轨迹密切相关,而且还与欣赏达利的收藏家们有着千丝万缕的联系。达利的人生始于西班牙,后来他的生活重心转移到法国,最后再到遥远的美国;而钟爱达利的收藏家们却是遍布世界各地,他们收藏了无数幅达利的作品,如今他们展出这些作品,让世人一饱眼福。这仿佛是达利艺术在国际上的一个大融合。在下文中,会提到达利在每座博物馆中最为重要的作品。

西班牙

达利大部分的作品都归西班牙国家所有,并且通过达利遗赠或者捐赠的方式为西班牙留下了许多艺术财富,这些都分别保存在马德里或加泰罗尼亚的各博物馆里。其实这些作品都源于今天的加拉—萨尔瓦多·达利基金会,达利生前就曾想在自己出生的城市——菲格拉斯,创立这样的一个机构。

巴塞罗那
加泰罗尼亚国家艺术博物馆
《父亲的肖像II》(1925)

菲格拉斯
达利戏剧博物馆
《父亲的肖像I》(1920)
《长着拉斐尔式脖子的自画像》(约1921)
《蓝色背景的裸女》(约1923)
《安普尔丹的风景和人物》(约1923)
《卡达克斯风景前的年轻女性》(1924)
《人体模特》(1926)
《幽灵的性诱惑》(约1934)
《加拉和她肩上的两只羔羊》(1933)
《柔软的自画像与烤培根》(1943)
《美国诗篇——宇宙的运动员》(1943)
《加拉琳娜》(1944—1945)
《面包篮》(1945)
《原子的分裂》(1947)
《毕加索的肖像》(1947)
《天鹅羽毛在原子内的平衡》(1947)
《原子的勒达》(1949)
《球体构成的水神卡拉蒂》(1952)
《圣女塞西利亚升天》(1955)
《裸体加拉的背影》(1960)
《立体绘画镜中的达利和加拉》(1972—1973)
《委拉斯开兹半身像变成三个谈话的人物》(1974)
《达利掀起了地中海的一角让加拉看见维纳斯的诞生》(1977)
《达利用手拉着云状的金羊毛,向裸体的加拉展示早上的太阳》(1977)
《控制论宫女》(1978)
《燕子的尾巴》(1983)

马德里
索菲娅王后国家艺术中心博物馆
《立体派自画像》(1923)
《静物》(1923)
《路易斯·布努埃尔的肖像》(1924)
《窗边的人/窗边的女孩》(1925)
《坐着的少妇/少妇的背影》(1925)
《小丑》(1927)
《月光下的静物》(1927)
《伟大的自慰者》(1929)
《建筑学的米勒〈晚祷〉》(1933)
《无尽之谜》(1938)
《希特勒之谜》(约1939)
《铀矿的田园》(1945)

提森-博内米萨博物馆
《由飞舞的蜜蜂引起的梦》(1944)

美国

纽约的博物馆曾购买过一些达利重要的作品。除此之外,在美国要说达利作品最为重要的收藏地,那便是位于佛罗里达州的圣彼得堡萨尔瓦多·达利博物馆。这个博物馆诞生于雷诺斯·墨尔斯和埃莉诺这对夫妇的收藏,他们早在40年代就结识了在美国避难的达利。当时,达利的部分作品最初保存在克利夫兰这座城市(位于俄亥俄州),而这对夫妇便开始从那里不断购买、收集达利的作品,后来将其都搬到了现位于圣彼得堡的博物馆,这座新的博物馆于1982年隆重开馆。

费城
费城艺术博物馆
《豆角和菜豆/内战的预兆》(1936)

纽约
现代艺术博物馆
《点燃欢愉》(1929)
《记忆的永恒》(1931)
《加拉的肖像/加拉的晚祷》(1935)
《西斯廷圣母/圣母的耳朵》(1958)

大都会艺术博物馆
《耶稣受难／十字架》（1954）

所罗门
R. 古根海姆美术馆
《"偏执狂批判法"下的弗米尔的"镶边工"》（1955）

圣彼得堡（佛罗里达州）
萨尔瓦多·达利博物馆
《静物：鱼和盆》（1922）
《妹妹的肖像》（约1923）
《岩石中的人物／躺着的女人》（1926）
《安普尔丹的年轻少女》（1926）
《加泰罗尼亚面包／拟人的面包》（1932）
《盘子里的（和盘子外的）煎鸡蛋》（1932）
《竖琴上的冥想》（1932—1934）
《威廉·泰尔之谜》（1933）
《头骨踩蹈下的大钢琴》（1934）
《米勒〈晚祷〉的考古怀想》（1935）
《奴隶市场和隐藏的伏尔泰半身像》（1940）
《傍晚的蜘蛛……憧憬》（1940）
《地缘政治的孩子看新好男人诞生》（1943）
《活静物》（1956）
《哥伦布发现美洲／哥伦布之梦》（1958—1959）
《大公会议》（1960）
《致幻斗牛士》（1968—1970）

法国
达利曾断断续续地在巴黎住过一段日子，此外从1979年12月18日一直到1980年4月21日还在法国巴黎的蓬皮杜艺术中心举办了一场最为全面、最具意义的达利旧作展。

巴黎
巴黎现代艺术博物馆，蓬皮杜艺术中心
《部分幻觉：列宁在钢琴上的六个影像》（1931）

日本
1964年，罗伯特·德尚和吉勒·内莱普在日本的西武策划了一场与达利相关的展览；在那之后，日本南氏家族的成员决定为达利专门修建一座博物馆。这座博物馆是继菲格拉斯戏剧博物馆和圣彼得堡达利博物馆之后的世界上第三座特意为达利而建的博物馆，名为"东京加拉—达利博物馆"（又名"南氏艺术博物馆"）。

静冈
池田二十世纪美术馆
《维纳斯和水手／向沙瓦特·帕帕赛特致敬》（1925）

东京
南氏美术馆
《利加特港的圣母》（1950）

《得土安之战》（1962）
《加拉沉思地中海，它在20米开外变成亚伯拉罕·林肯的肖像》（1976）

意大利
在意大利保存这位加泰罗尼亚艺术家作品的博物馆寥寥无几。佩姬·古根汉曾在威尼斯开设了一家美术馆，其中保存着许多件超现实主义的作品；但是后来，这位美国的收藏家把这些超现实主义作品连同那些抽象表现主义风格的作品一同挪到了她在纽约开设的美术馆里，此馆1942年开放，名为"本世纪艺术美术馆"。

威尼斯
佩姬·古根汉美术馆
《液体欲望的诞生》（1931—1932）

英国和荷兰
在伦敦的泰特美术馆（如今迁移到了另一处地方，用于展出当代艺术作品；改名为泰特现代艺术馆）和鹿特丹的博伊曼斯·范伯宁恩美术馆里，保存着达利1936年到1939年期间创作的大部分作品。这些作品都归商人爱德华·詹姆斯所有，达利普与1936年与他签订了一纸创作合同。

伦敦
泰特现代艺术馆
《变形的水仙》（1937）

鹿特丹
博伊曼斯·范伯宁恩美术馆
《两位满头云彩的人》（1936）
《龙虾电话机》（1936）
《带抽屉的米罗维纳斯》（1936）
《睡眠》（约1937）
《非洲印象》（1938）
《西班牙》（1938）
《战争之脸》（1940—1941）

菲格拉斯，达利戏剧博物馆正面

作品索引

达利作品索引

A

《爱的庙宇》62
《哀悼基督》133
《爱丽丝》136
《安普尔丹的风景和人物》3

B

芭蕾舞剧《酒神节》82
《布波尔城堡的入口和达利的天花板》128
《布波尔的景色》128
《捕金枪鱼／金枪渔网》草图 120,局部 121,122
《毕加索的肖像》22
《保尔·艾吕雅的肖像》局部 28,29
《白色老鹰,新阿姆斯特丹》134
《变形的水仙》70,71

C

《窗边的人／窗边的女孩》17
《刺激性欲的外套》85
《床和床头柜猛烈地攻击一个大提琴》全图和局部 138,139
《抽屉之城／人形橱柜》局部 68,80

D

《带抽屉的米罗维纳斯》56
《豆角和菜豆／内战的预兆》78
《地平线上的卡达克斯》4

F

《犯买卖圣物罪的人》102
《疯狂的特里斯坦》86
《腐烂的驴》21
《父亲的肖像Ⅰ》9
《父亲的肖像Ⅱ》16

G

《高跟鞋》57

H

《回顾的女人半身像》57
《火焰熊熊的长颈鹿》局部 66,69
《核子十字架》105

J

《加拉和米勒的晚祷,在图像失真就要到来之前》局部 59

《加拉沉思地中海,它在 20 米开外变成亚伯拉罕·林肯的肖像 / 向罗斯科致敬》135

《加拉的肖像 / 加拉的晚祷》32

《加拉的耶稣 / 立体主义中的右边和左边的元素》132

《加拉肖像 / 背光的加拉》117

《吉斯莱·欧特蒙公爵夫人的肖像》110

《记忆的永恒》局部 24,全图 48

《具有和谐感的神秘源头》49

K

《卡达克斯》2

《卡达克斯风景》4

L

《理查德三世身上的劳伦斯·奥利弗肖像》107

《拉斐尔风格的爆炸头》102

《立体绘画镜中的达利和加拉》130

《立体派自画像》20

《裸体加拉的背影》111

《利加特港》26

《利加特港的圣母Ⅰ》100

《利加特港的圣母Ⅱ》99

《龙虾电话机》57

《露西亚的画像》8

《路易斯·布努埃尔的肖像》114

M

《梦》80

《梅·韦斯特的照片》144

《梅·韦斯特的脸,超现实主义的房间》144

《梅·韦斯特厅》146

《美国诗篇——宇宙的运动员》87

《蜂蜜比血更甜》草图 18

《妹妹的肖像》8

P

《佩皮尼昂火车站》116

《盘子里的(和盘子外的)煎鸡蛋》50,53

R

《燃烧的女人》136

《人身牛头怪》第 8 期封面 55，局部 55

《人体模特》25

《人形橱柜》铜像 143

S

《圣安东尼的诱惑》局部 90，91，局部 97

《三个时期 / 老年、青年、幼年》75

《莎乐美女王》72

《死去哥哥的肖像》114

《铀矿的田园》88

《胜利的旋风》88

《睡眠》73

《受米开朗琪罗笔下的"朱利亚诺·德·美第奇"启发而创作的头像》140，141

《睡美人、马、隐形的狮子》37

《神秘主义宣言》封面 105

《十字若望的基督》101

W

《伟大的自慰者》35，36

《乌尔比诺公爵——德尔·罗斯·迪·蒙特莱拉伯爵的肖像》109

《无尽之谜》81

《威廉·泰尔之谜》62，63

《维纳斯和水手 / 向沙瓦特·帕帕赛特致敬》15

X

《西班牙》72

《西格蒙德·弗洛伊德的肖像》79

《秀兰·邓波儿，那个时代最圣洁的影院恶魔 / 巴塞罗那的斯芬克斯》76

《向梅松尼尔致敬》119

系列之一：宇宙式达利 92

系列之一：原子的达利 93

系列之一：蛋中的达利 93

《消失的影像》74

《西斯廷礼拜堂中的亚当》140

《希特勒之谜》76

Y

《由飞舞的蜜蜂引起的梦》89

《一个天才的日记》封面 118

《雨后隔代遗传的残迹》60

《眼睛》草图 42

《幽灵的性诱惑》65

《耶稣受难/十字架》103

《夜晚卡达克斯的港口》7

《欲望之谜/我的母亲，我的母亲，我的母亲》33，局部 34

《月夜》6

《阴郁的游戏》27，局部 28，30

《原子的勒达》局部 94，98

《燕子的尾巴》142

Z

《致幻斗牛士》123，局部 113，124，125

《最后的午餐》108

《自画像Ⅰ》2

《自画像Ⅱ》1

《坐着的少妇/少妇的背影》13

《长着拉斐尔式脖子的自画像》10

《战争之脸》85

其他人名及作品索引

A

安东尼·高迪
　　《巴特略之家》34

阿诺德·勃克林
　　《死亡岛》51

B

巴勃罗·毕加索
　　《超现实主义人物》23
　　《格尔尼卡》78
　　《人身牛头怪》封面草稿 54

D

迭戈·罗德里格斯·德席尔瓦·委拉斯开兹
　　《腓力四世一家/宫女》131

F
费德里戈·加西亚·洛尔卡
　　《三重画像》10

H
胡安·格里斯
　　《向巴勃罗·毕加索致敬》20
胡安·米罗
　　《加泰罗尼亚农民的头》5

L
勒内·玛格里特
　　《人身牛头怪》第10期封面 54
M
马克斯·恩斯特
　　《旧友的重聚》44

O
欧内斯特·梅松尼尔
　　《自画像》119

P
皮耶罗·德拉·弗朗切斯卡
　　《乌尔比诺公爵——费德里科·达·蒙特费尔特罗的肖像》109
　　《蒙特费尔特罗祭坛画》100

R
让·奥古斯特·多米尼克·安格尔
　　《大浴女》110
让·弗朗索瓦·米勒
　　《晚祷》58，局部 114

Y
扬·凡·艾克
　　《阿尔诺菲尼夫妇》131

Z
朱塞佩·阿尔钦博托
　　《水》64

STUDI E MONOGRAFIE (SELEZIONE):

M. Jean, *Histoire de la peinture surréaliste*, Parigi 1959; R. Villari, *Storia Contemporanea*, Bari 1970; M. De Micheli, *Le avanguardie artistiche del Novecento*, Milano 1986; R. Descharnes, G. Neret, *Salvador Dalì, 1904-1989*, 2 voll., Colonia 1994; A. Cattini, *Luis Buñuel*, Milano 1995; A. Schwarz, *L'avventura surrealista: amore e rivoluzione, anche*, Bolsena (Vt) 1997; F. Zeri, *Un velo di silenzio. Trenta capolavori visti da un grande storico dell'arte*, a cura di M. Dolcetta, Firenze 1999; F. Weyers, *Salvador Dalì*, Colonia 1999; C. Brook, *Dalí*, Firenze 2000; G. Neret, *Salvador Dalì 1904-1989*, Colonia 2001; F. Fortini, L. Binni, *Il movimento surrealista* (1959), Milano 2001.

SCRITTI DI DALÍ:

S. Dalí, *Vita segreta di Salvador Dalí*, Milano 1949; R. Descharnes, S. Dalí, *Dalí de Gala*, Losanna 1962; S. Dalí, *Il mito tragico dell'Angelus di Millet* (1963 e 1978), trad. it. T. Trini, Milano 2000; S. Dalí, *Diario di un genio* (1964), trad. it. e postfazione F. Gianfranceschi, Milano 1996 (per gli articoli, si veda nel testo "Minotaure").

CATALOGHI DI MOSTRE:

Salvador Dalí, Retrospective 1920-1980, a cura di D. Abadie, Parigi 1979; *Salvador Dalí*, a cura di S. Wilson, London 1980 (Tate Gallery); *I Dalí d'oro di Salvador Dalí*, Firenze 1983-1984 (Museo di storia della scienza); *I Dalí di Salvador Dalí*, Ferrara 1984 (Galleria civica d'arte moderna, palazzo dei Diamanti); *Dalì nella terza dimensione*, a cura di F. Passioni, R. Morse, A. Field, Milano 1987; *Dalì nella terza dimensione. Omaggio a Dalí scultore e illustratore*, presentazione S. Zanella, Gallarate (Mi) 1989 (Galleria civica d'arte moderna); *Salvador Dalí: the Early Years*, a cura di M. Raeburn, London 1994; *Dalí, Miró, Picasso e il surrealismo spagnolo*, Verona 1995; *Salvador Dalí. La vita è sogno*, Torino 1996-1997.

REFERENZE FOTOGRAFICHE

Tutte le immagini appartengono all'Archivio Giunti ad eccezione di: Alain Benainous/Gamma/Contrasto (pp. 126, 128b,143); Barry Mason/IPA (p. 152); Blauel/Gnamm/Artothek/Alinari (p. 88a); The Bridgeman Art Library/Alinari (pp. 10a, 14, 16, 27a, 27b, 28b, 30, 33, 34a, 34b, 59, 64b, 65, 66, 69, 72a, 73, 75, 78b, 85a, 94, 98, 101, 108, 112, 115, 121, 122, 123, 124, 125); Christie's Images/The Bridgeman Art Library/Alinari (pp. 26a, 29); © 2010 Digital image, The Museum of Modern Art, New York/Scala, Firenze (pp. 24, 32, 47, 48, 54a); Erich Lessing /Contrasto, Milano (pp. 04, 130); © Culture and Sport Glasgow (Museums)/The Bridgeman Art Library/Archivi Alinari, Firenze (p. 101); © Philippe Halsman/Magnum Photos/Contrasto (pp. 92, 93, 106a); Fundació Gala-Salvador Dalí, Figueres (copertina, pp. 3, 4a, 7, 8b, 8c, 17, 18, 19, 20b, 22, 42, 60, 62b, 63a, 74a, 74b, 76a, 79, 81, 83, 86b, 86c, 87, 88b, 103, 107, 111, 117, 119b, 138, 139, 141, 142); Index/The Bridgeman Art Library/Alinari (pp. 13, 35, 36a, 36b, 100b); Lauros/Giraudon/The Bridgeman Art Library/Alinari (pp. 15, 80a, 89, 114b).

Per le opere del Salvador Dalí Museum, St. Petersburg, Florida USA: © Salvador Dalí, Fundació Gala-Salvador Dalí, SIAE 2010; in USA: © Salvador Dali Museum Inc., St. Petersburg, FL 2010.
© Salvador Dalí, Fundació Gala-Salvador Dalí, by SIAE 2010.
© Max Ernst, René Magritte, by SIAE 2010.
© Successió Miró, by SIAE 2010.
© Succession Picasso, by SIAE 2010.
Rights image of Salvador Dalí reserved. Fundació Gala-Salvador Dalí, Figueres, 2010.
L'editore si dichiara disponibile a regolare eventuali spettanze per quelle immagini di cui non sia stato possibile reperire la fonte.
Nelle didascalie, quando non altrimenti indicato, l'opera fa parte di collezione privata.

图书在版编目（CIP）数据

达利 /（意）菲奥雷拉·尼科西亚著；李金韬译 . —合肥：安徽美术出版社，2019.7
（艺术人生）
ISBN 978-7-5398-8843-9

Ⅰ.①达… Ⅱ.①菲… ②李… Ⅲ.①达利（Dali，Salvador 1904-1989）—传记 Ⅳ.① K835.515.72

中国版本图书馆 CIP 数据核字（2019）第 031533 号

艺术人生

达利　（意）菲奥雷拉·尼科西亚 著　李金韬 译
YISHU RENSHENG DALI

出 版 人：唐元明
责任编辑：黄　奇　赵启芳　陈　震
特约编辑：苑浩泰　申　三
责任校对：司开江　陈芳芳
责任印制：缪振光
出版发行：时代出版传媒股份有限公司
　　　　　安徽美术出版社（http://www.ahmscbs.com）
社　　址：合肥市政务文化新区翡翠路 1118 号出版传媒广场 14 层
邮　　编：230071
营 销 部：0551-63533604（省内）　0551-63533607（省外）
经　　销：全国新华书店
印　　刷：北京天恒嘉业印刷有限公司
版　　次：2019 年 7 月第 1 版
　　　　　2019 年 7 月第 1 次印刷
开　　本：787 mm×1092 mm　1/16
印　　张：10.5
书　　号：ISBN 978-7-5398-8843-9
定　　价：79.80 元

如发现印装质量问题，请与我社营销部联系调换。
版权所有·侵权必究
本社法律顾问：安徽承义律师事务所 孙卫东律师

For the original edition
Original title: "Dalí" by Fiorella Nicosia
Copyright © 2010 by Giunti Editore S.p.A., Firenze-Milano
www.giunti.it
The simplified Chinese edition is published in arrangement through Niu Niu Culture.

Chinese language copyright © 2019 by Phoenix-Power Cultural Development Co., Ltd.
All rights reserved.

著作权合同登记号　图字：12181850 号